ESSENER BEITRÄGE

Beiträge zur Geschichte
von Stadt und Stift Essen

118. Band 2005

Historischer Verein
für Stadt und Stift Essen e.V.
gegründet 1880

Gefördert
durch einen Zuschuss
der Allbau Stiftung.

Bildnachweis Titelbild: Historisches Archiv Krupp
Herausgeber: Historischer Verein für Stadt und Stift Essen
Schriftleitung: Dr. Klaus Wisotzky
Für die einzelnen Beiträge sind die Verfasser verantwortlich.

1. Auflage 2005
Gestaltungskonzept: Kommunikationskontor_Düsseldorf
Satz und Realisation: Klartext Medienwerkstatt GmbH, Essen
Druck: Aalexx Druck, Großburgwedel
© Klartext Verlag, Essen 2005
ISBN 3-89861-613-4
ISSN 1432-6531
www.klartext-verlag.de
www.hv-essen.de

Inhaltsverzeichnis

Die »Essener Beiträge«
1881–2004

1. Chronologisches Verzeichnis der »Essener Beiträge« (1881–2004)

zusammengestellt von Cordula Holtermann

Bd. 1 (1881)   Seemann, Otto, Der Bauernsturm von 1662, Bd. 1 (1881), 3–11
Müllers, Friedrich, Die Marmorsäule in der Münsterkirche zu Essen, Bd. 1 (1881), 11–14
Grevel, Wilhelm, Das Gerichtswesen im Stifte Rellinghausen von der ältesten Zeit bis zu dessen Auflösung, Bd. 1 (1881), 15–45

Bd. 2,1 (1881)   Grevel, Wilhelm, Die Anfänge der Eisenindustrie im Stift Essen (Die Gutehoffnungshütte, Aktien-Verein für Bergbau und Hüttenbetrieb, zu Oberhausen a. d. Ruhr. Geschichte der Gründung und ersten Entwickelung derselben). Mit Karte, Bd. 2,1 (1881), 3–18

Bd. 2,2 (1881)   Grevel, Wilhelm, Die Anfänge der Gußstahl-Fabrikation im Kreise Essen, Bd. 2,2 (1881), 3–13

Bd. 3 (1881)   Grevel, Wilhelm, Der Essendische Oberhof Ehrenzell (Philipsenburg). Mit Situationsplan, Bd. 3 (1881), 3–31

Bd. 4 (1881)   Heidemann, Julius, Empfang der Fürstin Franziska Christina in Essen am 6. Juni 1727, Bd. 4 (1881), 11–23
Karsch, Johannes, Zur Geschichte des Stiftes Rellinghausen im Zeitalter des 30jährigen Krieges, Bd. 4 (1881), 24–43
Seemann, Otto, Noch einmal der Bauernsturm von 1662, Bd. 4 (1881), 44–51
Verzeichnis der Mitglieder des Historischen Vereins am 1. Oktober 1881, Bd. 4 (1881), 53–55

Bd. 5 (1883)   Seemann, Otto, Die Äbtissinnen von Essen. Nach dem Brüsseler Katalog mit Varianten und Anmerkungen, Bd. 5 (1883), 1–44

Bd. 6 (1883)   Grevel, Wilhelm, Übersicht der Geschichte des Landkreises Essen, Bd. 6 (1883), 1–92
(Separat-Abdruck aus der vom Königl. Landraths-Amte des Landkreises Essen herausgegebenen »Statistik des Landkreises Essen für die Jahre 1875–1880«)

Bd. 7 (1884)   Grevel, Wilhelm, Das Militärwesen in Fürstentum und Stadt Essen bis gegen das Jahr 1550, Bd. 7 (1884), 1–26

Grevel, Wilhelm, Das Militärwesen in Fürstentum und Stadt Essen von Mitte des 16. bis Ende des 18. Jahrhunderts, Bd. 7 (1884), 27–50

Bd. 8 (1884) Büscher, Franz, Die Statuten der früheren Gilden, Ämter und Zünfte binnen der Stadt Essen, Bd. 8 (1884), 1–84
Grevel, Wilhelm, Die Statuten der früheren Gilden und Ämter in der Stadt Steele und im übrigen Hochstift Essen, Bd. 8 (1884), 85–107

Bd. 9 (1886) Heidemann, Julius, Die Beguinenconvente Essens. Nach den Urkunden bearbeitet, Bd. 9 (1886), 3–195

Bd. 10 (1886) Karsch, Johannes, Geschichte der evangelischen Gemeinde Rellinghausen, Bd. 10 (1886), 3–109
Seemann, Otto, Über einige Hexenprozesse im Stift Essen, Bd. 10 (1886), 111–131

Bd. 11 (1887) Grevel, Wilhelm, Der Reichstag zu Steele unter Kaiser Otto dem Großen im Mai 938, Bd. 11 (1887), 1–49
Grevel, Wilhelm, Die Anfänge der Stadt Steele, Bd. 11 (1887), 51–83
Baumann, Wilhelm, Die Essener Schützen der früheren Zeit und der Schützenzug nach Welheim, Bd. 11 (1887), 85–116
Jahresbericht des Vorsitzenden für das Vereinsjahr vom 1. Oktober 1885 bis 1. Oktober 1886, Bd. 11 (1887), 117–123
Verzeichnis der Vereine, mit denen der Historische Verein für Stadt und Stift Essen die Veröffentlichungen austauscht, Bd. 11 (1887), 124

Bd. 12 (1888) Goossens, Heinrich, Geschichte der spanischen Einfälle in Stadt und Stift Essen am Ende des 16. und am Anfange des 17. Jahrhunderts und ihr schließlicher Einfluß auf die Essener Gegenreformation, Bd. 12 (1888), 3–91
Grevel, Wilhelm, Der Anfang der Reformation in der Stadt Essen, Bd. 12 (1888), 93–110

Bd. 13 (1889) Grevel, Wilhelm, Elsabetha, geborene Gräfin von Manderscheidt und Blankenheim, Fürst-Äbtissin des Stiftes Essen von 1575–1578, Bd. 13 (1889), 3–96
Grevel, Wilhelm, Der Anfang der Reformation in der Stadt Essen, Bd. 13 (1889), 97–101
Geuer, Franz, Der Kampf um die essendische Vogtei, Bd. 13 (1889), 103–144

Bd. 14 (1892) Karsch, Johannes, Das Stift Rellinghausen in den letzten Jahrzehnten des 16. Jahrhunderts. Ein lokalgeschichtliches Zeitbild, Bd. 14 (1892), 3–35

Verzeichnis der Mitglieder nach dem Bestande am 1. Oktober 1896, Bd. 17 (1896), 162–166

Verzeichnis der mit dem Historischen Verein im Schriftenwechsel stehenden Gesellschaften und Vereine, Bd. 17 (1896), 166–167

Bd. 18 (1898) Humann, Georg, Gegenstände orientalischen Kunstgewerbes im Kirchenschatz des Münsters zu Essen, Bd. 18 (1898), 3–17

Wirtz, Ludwig, Die Essener Äbtissinnen Irmentrud (ca. 1140–1150) und Hadwig II. von Wied (ca. 1150–1180), Bd. 18 (1898), 19–41

Arens, Franz, Das Essener Siechenhaus und seine Kapelle, Bd. 18 (1898), 42–95

Schroeder, Ferdinand, Sittliche und kirchliche Zustände Essens in der ersten Hälfte des 16. Jahrhunderts, Bd. 18 (1898), 96–130

Baedeker, Julius, Über die Anfänge des Buchdruckes und des Zeitungswesens in Essen und beider Entwickelung im 18. Jahrhundert, Bd. 18 (1898), 132–150

Bericht über die Tätigkeit des Historischen Vereins für Stadt und Stift Essen vom 1. Oktober 1896 bis zum 1. Januar 1898, Bd. 18 (1898), 152–162

Verzeichnis der Mitglieder nach dem Bestande am 1. Januar 1898, Bd. 18 (1898), 163–167

Verzeichnis der mit dem Historischen Verein im Schriftenwechsel stehenden Vereine und wissenschaftlichen Anstalten, Bd. 18 (1898), 167–168

Bd. 19 (1898) Ribbeck, Konrad, Geschichte des Essener Gymnasiums, II. Teil: Die lutherische Stadtschule 1564–1611, Bd. 19 (1898), 1–73

Bd. 20 (1900) Humann, Georg, Ein Schwert mit byzantinischen Ornamenten im Schatze des Münsters zu Essen, Bd. 20 (1900), 3–28

Ribbeck, Konrad, Ein Essener Necrologium aus dem 13. und 14. Jahrhundert, Bd. 20 (1900), 29–135

Schroeder, Ferdinand, Städtische Gesetze und Verordnungen des 15. und 16. Jahrhunderts, Bd. 20 (1900), 137–170

Tille, Armin, Der Essen'sche Hof in Königswinter. Mit einem Weistum von 1732, Bd. 20 (1900), 171–183

Bericht über die Tätigkeit des Historischen Vereins für Stadt und Stift Essen vom 1. Januar 1898 bis zum 1. Juli 1900, Bd. 20 (1900), 184–186

Verzeichnis der Mitglieder nach dem Bestande am 1. Juli 1900, Bd. 20 (1900), 187–191

Verzeichnis der mit dem Historischen Verein im Schriftenwechsel stehenden Vereine und wissenschaftlichen Anstalten, Bd. 20 (1900), 191–193

Bd. 21 (1901)	Arens, Franz, Der Liber ordinarius der Essener Stiftskirche und seine Bedeutung für die Liturgie, Geschichte und Topographie des ehemaligen Stiftes Essen. Mit 2 Tafeln, Bd. 21 (1901), IX S., 1–156
Bd. 22 (1902)	Arens, Franz, Die Siegel und das Wappen der Stadt Essen. Mit zwei Tafeln, Bd. 22 (1902), 3–13, Ribbeck, Konrad, Übersicht über die Verfassung der Stadt Essen bis zum Untergange der städtischen Selbständigkeit, Bd. 22 (1902), 15–28 Schroeder, Ferdinand, Das Essener Stadtschreiberbuch des 15. und 16. Jahrhunderts 1467–1540, Bd. 22 (1902), 29–201
Bd. 23 (1903)	Wiedfeldt, Otto, Friedrich Krupp als Stadtrat in Essen. Eine verwaltungsgeschichtliche Studie, Bd. 23 (1903), 1–106 Waldthausen, Albert von, Zur Geschichte der Verkehrsverhältnisse in Stadt und Stift Essen, Bd. 23 (1903), 107–128 Waldthausen, Albert von, Zur Geschichte des Postwesens in Stadt und Stift Essen, Bd. 23 (1903), 129–159 Bericht über die Tätigkeit des Historischen Vereins für Stadt und Stift Essen vom 1. Juli 1900 bis zum 1. Juli 1903, Bd. 23 (1903), 161–164 Verzeichnis der Mitglieder nach dem Bestande am 1. Juli 1903, Bd. 23 (1903), 165–168 Verzeichnis der mit dem Historischen Verein im Schriftenwechsel stehenden Vereine und wissenschaftlichen Anstalten, Bd. 23 (1903), 168–169
Bd. 24 (1903)	Borchardt, Paul, Der Haushalt der Stadt Essen am Ende des 16. und Anfang des 17. Jahrhunderts, Bd. 24 (1903), 1–124
Bd. 25 (1903)	Arens, Franz, Geschichte des Klosters und der Schule der Congregatio B.M.V. in Essen 1652–1902. Mit Abb., Bd. 25 (1903), 1–74
Bd. 26 (1905)	Matschoß, Conrad, Franz Dinnendahl. Das Lebensbild eines deutschen Kunstmeisters, Bd. 26 (1905), 3–52 Samuel, Salomon, Geschichte der Juden in Stadt und Stift Essen bis zur Säkularisation des Stifts (1291–1802). Mit urkundlichen Beilagen und einer Stammtafel, Bd. 26 (1905), 53–163 Wiedemann, Heinrich, Die Kluse bei Baldeney, Bd. 26 (1905), 165–182 Fünfundzwanzig Jahre der Tätigkeit des Historischen Vereins für Stadt u. Stift Essen 1880–1905, Bd. 26 (1905), 183–202 hierin: Der Vorstand des Historischen Vereins 1880–1905, Bd. 26 (1905), 193 Vorträge (1880–1905), Bd. 26 (1905), 195–198 Verzeichnis der Mitglieder nach dem Bestande am 1. Oktober 1905, Bd. 26 (1905), 203–208

Bd. 27 (1905)	Imme, Theodor, Die Ortsnamen des Kreises Essen und der angrenzenden Gebiete, Bd. 27 (1905), 3–72
Bd. 28 (1906)	Schäfer, Karl Heinrich und Arens, Franz, Urkunden und Akten des Essener Münsterarchivs, Bd. 28 (1906), 3–348
Bd. 29 (1907)	Schröder, Ferdinand, Maria Kunigunde von Sachsen, die letzte Äbtissin von Essen, Bd. 29 (1907), 1–47
	Wiedemann, Heinrich, Die Wahl der Prinzessin Maria Kunigunde von Sachsen zur Koadjutorin des Stiftes Essen, Bd. 29 (1907), 49–73
	Arens, Franz, Das Essener Kapuzinerkloster, Bd. 29 (1907), 75–125
	Ostheide, Albert, Medizinisches aus einer Handschrift in Essen a. d. Ruhr, Bd. 29 (1907), 127–135
	Bericht über die Tätigkeit des Historischen Vereins für Stadt und Stift Essen vom 1. Oktober 1905 bis 1. Juli 1907, Bd. 29 (1907), 137–141
	Verzeichnis der Mitglieder nach dem Bestande am 1. Juli 1907, Bd. 29 (1907), 143–146
	Verzeichnis der mit dem Historischen Verein im Schriftenwechsel stehenden Vereine und wissenschaftlichen Anstalten, Bd. 29 (1907), 147–148
Bd. 30 (1909)	Hüsgen, Kurt, Die militärische Vertretung des Stiftes Essen durch Brandenburg-Preußen im 17. und 18. Jahrhundert, Bd. 30 (1909), 1–92
	Giese, Rudolf, Über die Essener Urkunde König Ottos I. vom 15. Januar 947 (Erste urkundliche Erwähnung der Orte Lirich, Lippern, Rellinghausen, Homberg, Cassel(erfeld), Huckarde, Olst, Archem, Jert, Godesberg, Beeck), Bd. 30 (1909), 93–108
	Grevel, Wilhelm, Vier Briefe von Nikolaus Kindlinger an den Pfarrer Joh. Friedr. Möller in Elsey. Nach den Originalen mitgeteilt, Bd. 30 (1909), 109–133
	Anlage 1: Manuscript von Nicol. Kindlinger (1801), Abriß zu einer Geschichte Grafen Engelbert's v. d. Mark; Anlage 2: Manuscript von Nicol. Kindlinger (1801), Plan zum Versuche einer Geschichte der älteren Lehnsverfassung in Westfalen, Bd. 30 (1909), 130–133
	Wiedemann, Heinrich, Ein Streit Friedrichs des Großen mit den Kapiteln des Hochstiftes Essen 1775, Bd. 30 (1909), 135–147
	Grevel, Wilhelm, Die Trauung des Kurprinzen Friedrich Wilhelm von Hessen in Rellinghausen im Juni 1831, Bd. 30 (1909), 149–164
	Ribbeck, Konrad, Katharina von Tecklenburg, eine Essener Äbtissin am Vorabende der Reformation, Bd. 30 (1909), 165–189
	Schäfer, Karl Heinrich, Plünderungszüge der spanischen Soldateska ins Kirchspiel Steele während der Jahre 1586 und 1587, Bd. 30 (1909), 191–195
	Grevel, Wilhelm, Zur Geschichte der Gewehrfabrikation in Essen, Bd. 30 (1909), 197–204

Grevel, Wilhelm, Zur Geschichte des Kohlenbergbaues bei Essen, Bd. 30 (1909), 205–209

Biesten, Wilhelm, Canonicus Biesten, Bd. 30 (1909), 211–218

Wiedemann, Heinrich, Zur Geschichte der Textilindustrie im Stifte Essen, Bd. 30 (1909), 219–223

Buchbesprechungen:[1]

Schäfer, Karl Heinrich, Die Kanonissenstifter im deutschen Mittelalter (Kirchenrechtliche Abhandlungen, hrsg. von Ulrich Stutz, Heft 43 u. 44), Stuttgart, Ferd. Enke, 1907 (Konrad Ribbeck), Bd. 30 (1909), 225–227

Schotte, Heinrich, Studien zur Geschichte der westfälischen Mark und Markgenossenschaft, mit besonderer Berücksichtigung des Münsterlandes (Münstersche Beiträge zur Geschichtsforschung, N. F. XVII), Münster, Franz Coppenrath, 1908, Bd. 30 (1909), 227–229

Marré, Wilhelm, Die Entwickelung der Landeshoheit in der Grafschaft Mark bis zum Ende des 13. Jahrhunderts, Dortmund, Ruhfus, 1907, Bd. 30 (1909), 229–231

Schmithals, Otto, Drei freiherrliche Stifter am Niederrhein, Sonderdruck aus den Annalen des Historischen Vereins für den Niederrhein, Heft 84, S. 103–180 (auch als Bonner Dissertation gedruckt), Bd. 30 (1909), 231–232

Arens, Franz, Der Liber ordinarius der Essener Stiftskirche, mit Einleitung, Erörterungen und einem Plan der Stiftskirche und ihrer Umgebung im 14. Jahrhundert, Paderborn, Jungfermann, 1908, Bd. 30 (1909), 232–233

Voß, Ferdinand, Die Beziehungen des Großen Kurfürsten zu Stadt und Stift Essen (Münstersche Dissertation), Essen, Fredebeul & Koenen, 1908, Bd. 30 (1909), 233–234

Körholz, Franz, Die Säkularisation und Organisation in den preußischen Entschädigungsländern Essen, Werden und Elten, 1802–1806 (Münstersche Beiträge zur Geschichtsforschung, N. F. XIV), Münster, Coppenrath, 1907, Bd. 30 (1909), 234–235

Bericht über die Tätigkeit des Historischen Vereins für Stadt und Stift Essen vom 1. Juli 1907 bis 1. Oktober 1909, Bd. 30 (1909), 237–240

Verzeichnis der Mitglieder nach dem Bestande vom 1. Oktober 1909, Bd. 30 (1909), 241–244

Verzeichnis der mit dem Historischen Verein im Schriftenwechsel stehenden Vereine und wissenschaftlichen Anstalten, Bd. 30 (1909), 245–246

---

1 Die Angaben zu den rezensierten Büchern wurden den Essener Beiträgen entnommen. Sie wurden nicht überprüft bzw. ergänzt. – Die Rezensenten werden in der Klammer genannt.

Bd. 31 (1909)   Mews, Karl, Geschichte der Essener Gewehr-Industrie. Ein Beitrag zur Geschichte der rheinisch-westfälischen Industrie, Bd. 31 (1909), 3–95

Vollmer, Aloys Philipp, Handel, Industrie und Gewerbe in den ehemaligen Stiftsgebieten Essen und Werden, sowie in der Reichsstadt Essen zur Zeit der französischen Herrschaft (1806–1813). Ein Beitrag zur Wirtschaftsgeschichte des Großherzogtums Berg, Bd. 31 (1909), 97–314

Bd. 32 (1910)   Schäfer, Karl Heinrich, Geschichte des Oberhofes Eickenscheidt im Gebiete der gefürsteten Reichsabtei Essen. Mit besonderer Rücksicht auf die rechtlichen und wirtschaftlichen Verhältnisse, 1 Karte, Bd. 32 (1910), VI, 1–123

Heinemann, Salomon, Das eheliche Güterrecht im alten Essen, Bd. 32 (1910), 125–142

Wiedemann, Heinrich, Die Irrungen zwischen dem Stift und der Stadt Essen 1785–1794, Bd. 32 (1910), 143–174

Glümer, Hans von, Preußische Werber in Essen im 18. Jahrhundert, Bd. 32 (1910), 175–191

Grevel, Wilhelm, Dr. Karl Arnold Kortum. Beiträge zur Geschichte seines Lebens und Wirkens, I. Teil, Bd. 32 (1910), 193–212

Bd. 33 (1911)   Matthias, Ernst, Der Essener Oberhof Brockhausen. Ein Beitrag zur westfälischen Wirtschaftsgeschichte, Bd. 33 (1911), 3–75

Grevel, Wilhelm, Zwei Denkschriften von Dr. W. Harleß über das Verhältnis von Rellinghausen und Bifang zum Stift Essen und dessen Bergregal. Mit 1 Karte, Bd. 33 (1911), 77–132

Glümer, Hans von, Heinrich Huyssen. Ein Essener Stadtkind als Gelehrter und Diplomat im Dienste Peters des Großen, Bd. 33 (1911), 133–151

Grevel, Wilhelm, Dr. Karl Arnold Kortum. Beiträge zur Geschichte seines Lebens und Wirkens, II. Teil, Bd. 33 (1911), 153–171

Grevel, Wilhelm, Nikolaus Kindlinger. Beiträge zu seiner Lebensgeschichte und Mitteilung von Originalbriefen, Bd. 33 (1911), 173–187

Tönnissen, Wilhelm, Ein nekrologisches Verzeichnis von Essener Kanonichen. 1580–1712, Bd. 33 (1911), 188–191

Buchbesprechungen:

Weimann, Karl, Die Mark- und Walderbengenossenschaften des Niederrheins. (Untersuchungen zur deutschen Staats- und Rechtsgeschichte, herausgegeben von Dr. Otto v. Gierke, 106. Heft), Breslau, 1911, Bd. 33 (1911), 192–193

Bericht über die Tätigkeit des Historischen Vereins für Stadt und Stift Essen vom 1. Oktober 1909 bis 1. Oktober 1911, Bd. 33 (1911), 194–195

Verzeichnis der Mitglieder nach dem Bestande vom 1. Oktober 1911, Bd. 33 (1911), 196–201

Verzeichnis der mit dem Historischen Verein im Schriftenwechsel stehende Vereine und wissenschaftlichen Anstalten, Bd. 33 (1911), 202–204

Bd. 34 (1912)

Arens, Franz, Das Heberegister des Stiftes Essen. Nach dem Kettenbuche im Essener Münsterarchiv, Bd. 34 (1912), 3–111

Grevel, Wilhelm, Das Archiv der Familie von Düngelen, Bd. 34 (1912), 113–211

Imme, Theodor, Alte Sitten und Bräuche im Essenschen, I. Die Hochzeit, Bd. 34 (1912), 213–255

Mews, Karl, Stadt und Stift Essen in den Berichten von Geographen und Reisenden vergangener Zeiten, Bd. 34 (1912), 257–284

Hüsgen, Kurt, Maximes de Conduite. Ein Beitrag zur Geschichte der höheren Mädchenbildung in Stadt und Stift Essen im 18. Jahrhundert, Bd. 34 (1912), 285–308

Betrifft Töchterpensionat und Schule der Congregatio B.M.V. in Essen, hierzu Anhang:

Keußen, Hermann, Ein Werbebrief für das Essener Gymnasium aus dessen Stiftungsjahr 1545. Verfaßt vom ersten Rektor Bonifaz Helphricht, Bd. 34 (1912), 309–311

Buchbesprechungen:

Krupp. 1812–1912, Zum 100jährigen Bestehen der Firma Krupp und der Gußstahlfabrik zu Essen-Ruhr. Herausgegeben auf den hundertsten Geburtstag Alfred Krupps, Bd. 34 (1912), 312–313

Bericht über die Tätigkeit des Historischen Vereins vom 1. Oktober 1911 bis zum 1. Oktober 1912, Bd. 34 (1912), 315–318

Verzeichnis der Mitglieder nach dem Bestande vom 1. Oktober 1912, Bd. 34 (1912), 319–324

Verzeichnis der mit dem Historischen Verein im Schriftenwechsel stehende Vereine und wissenschaftlichen Anstalten, Bd. 34 (1912), 325–327

Bd. 35 (1913)

Stricker, Karl, Geschichte des Essener Propsteihofes Nünning unter besonderer Berücksichtigung der propsteilichen Hofesverwaltung, Bd. 35 (1913), 3–69,

Schmidt, Ferdinand, Die Wahl der Gräfin Elisabeth vom Berge zur Fürstäbtissin des Reichsstifts Essen im Jahre 1605, Bd. 35 (1913), 71–160

Grevel, Wilhelm, Dr. Karl Arnold Kortum. Beiträge zur Geschichte seines Lebens und Wirkens, III. Teil, Bd. 35 (1913), 161–223

Siebrecht, Fritz, Altenessen. Ein Rückblick über tausend Jahre. Mit 1 Karte, Bd. 35 (1913), 225–301

Imme, Theodor, Alte Sitten und Bräuche im Essenschen, II. Geburt und Kindheit, Bd. 35 (1913), 303–373

Buchbesprechungen:

Festschrift zur Feier der Einweihung des neuen Justizgebäudes in Essen am 17. Mai 1913, hrsg. vom Landgerichtspräsidenten Dr. Büscher, Essen, Fredebeul & Koenen, Bd. 35 (1913), 374–375

Bericht über die Tätigkeit des Historischen Vereins vom 1. Oktober 1912 bis zum 1. Oktober 1913, Bd. 35 (1913), 377–380

Verzeichnis der Mitglieder nach dem Bestande vom 1. Oktober 1913, Bd. 35 (1913), 381–385

Verzeichnis der mit dem Historischen Verein im Schriftenwechsel stehenden Vereine und wissenschaftlichen Anstalten, Bd. 35 (1913), 386–388

Bd. 36 (1917)   Ribbeck, Konrad, Zu Wilhelm Grevels 80. Geburtstag (mit einem Verzeichnis seiner Schriften), Bd. 36 (1917), I-VIII

Ismer, Oscar, Der Dreißigjährige Krieg als Ursache des wirtschaftlichen Niederganges und der Verschuldung der Stadt Essen vom 17. bis um die Mitte des 19. Jahrhunderts, Bd. 36 (1917), 3–133

Schröder, Ferdinand, Briefe des Freiherrn Clemens von Asbeck an seine Braut und Gattin, Bd. 36 (1917), 135–154

Wiedemann, Heinrich, Erinnerungen des Stiftsherrn Ludwig Brockhoff, Bd. 36 (1917), 155–182

Draeger, Friedrich, Die ersten Eisenbahnen der Stadt Essen, Bd. 36 (1917), 183–194

Biesten, Wilhelm, Versuch einer Beschreibung des kaiserlichen freiweltlichen Reichsstifts Essen 1780. Aus dem Nachlasse des Kanonikus Biesten, Bd. 36 (1917), 195–204

Rotscheidt, Wilhelm, Studierende aus Essen und Umgegend, I. Teil, Bd. 36 (1917), 205–211

1. Am Gymnasium illustre in Bremen, Bd. 36 (1917), 207

2. An der Universität Gießen, Bd. 36 (1917), 208

3. An der Universität Harderwyk, Bd. 36 (1917), 208–209

4. An der Universität Herborn, Bd. 36 (1917), 209–210

5. An der Universität Leiden, Bd. 36 (1917), 210-211

Buchbesprechungen:

Friedrich Krupp, der Gründer der Gußstahlfabrik, in Briefen und Urkunden, hrsg. im Auftrage der Firma Fried. Krupp A.G. von Wilhelm Berdrow, Essen, G. D. Baedeker, 1915, Bd. 36 (1917), 212–213

Meyer, Carl, Geschichte der Bürgermeistereien Stoppenberg, Rotthausen und Kray-Leithe, ihrer Gemeinden, Höfe und Industrien, sowie des ehemaligen freiweltlich-adeligen Damenstifts Stoppenberg. Dritte völlig umgearbeitete und erweiterte Auflage, Essen, Fredebeul & Koenen, 1914, Bd. 36 (1917), 213–214

Siebrecht, Fritz, Altenessen. Monographien deutscher Landgemeinden, hrsg. von Erwin Stein im Auftrage des Verbandes der größeren preußischen Landgemeinden, Band II, Berlin-Friedenau, Deutscher Kommunalverlag, 1915, Bd. 36 (1917), 214–215

Bericht über die Tätigkeit des Historischen Vereins von 1. Oktober 1913 bis zum 1. Oktober 1916, Bd. 36 (1917), 217–221

Verzeichnis der Mitglieder nach dem Bestande am 1. Oktober 1916, Bd. 36 (1917), 222–226

Verzeichnis der mit dem Historischen Verein im Schriftenwechsel stehenden Vereine und wissenschaftlichen Anstalten, Bd. 36 (1917), 227–229

Bd. 37 (1918) Schnütgen, Alexander, Heimatklänge, Bd. 37 (1918), 3–83

I. Das Essener Gymnasium kurz nach der Mitte des vorigen Jahrhunderts, Bd. 37 (1918), 5–36

II. Geistliches und Weltliches an der Ruhr vor mehr als fünfzig Jahren, Bd. 37 (1918), 36–40

III. Eine Familienkrippe zu Weihnachten in einer Ruhrstadt um die Mitte des vorigen Jahrhunderts, Bd. 37 (1918), 40–46

IV. Der große Gelegenheitszeichner in der kleinen Ruhrstadt, Bd. 37 (1918), 46–51

V. Leute aus alter Zeit in der Essener Gegend und im Ruhrtal nebst Nebental, Bd. 37 (1918), 51–83

Arens, Franz, Die Essener Jesuitenresidenz, Bd. 37 (1918), 85–193

Imme, Theodor, Alte Sitten und Bräuche im Essenschen, III. Nachbarschaftswesen und Totenbräuche, I. Teil: Das Nachbarschaftswesen, Bd. 37 (1918), 195–256

Bericht über die Tätigkeit des Historischen Vereins vom 1. Oktober 1916 bis zum 1. Oktober 1918, Bd. 37 (1918), 257–261

Verzeichnis der Mitglieder nach dem Bestande vom 1. Oktober 1918, Bd. 37 (1918), 262–268

Verzeichnis der mit dem Historischen Verein im Schriftenwechsel stehenden Vereine und wissenschaftlichen Anstalten, Bd. 37 (1918), 269–271

Bd. 38 (1919) Mischell, Alexia, Der Haushalt des Essener Damenkapitels von 1550 bis 1648. Mit 1 Karte, Bd. 38 (1919), 1–115

Holbeck, Wilhelm, Zur mittelalterlichen Verfassungs- und Wirtschaftsgeschichte des Kanonichenkapitels am hochadligen Damenstift Essen bis 1600, Bd. 38 (1919), 117–178

Arens, Franz, Die St. Johannes-Kirche in Essen. Ihr Ursprung und ihre baugeschichtliche Entwickelung, Bd. 38 (1919), 179–194

Dausend, Hugo, Über den Thomasaltar der Essener Stiftskirche und ein ihm zugehöriges Missale, Bd. 38 (1919), 195–204

Bericht über die Tätigkeit des Historischen Vereins von 1. Oktober 1918 bis zum 1. Oktober 1919, Bd. 38 (1919), 205–209

Verzeichnis der Mitglieder nach dem Bestande vom 1. Oktober 1919, Bd. 38 (1919), 210–215

Verzeichnis der mit dem Historischen Verein im Schriftenwechsel stehenden Vereine und wissenschaftlichen Anstalten, Bd. 38 (1919), 216–218

Bd. 39 (1921) Imme, Theodor, Alte Sitten und Bräuche im Essenschen, III. Nachbarschaftswesen und Totenbräuche, II. Teil: Die Totenbräuche und der damit zusammenhängende Volksglaube, Bd. 39 (1921), 5–35

Ribbeck, Konrad, Zum Gedächtnis von Franz Arens, Bd. 39 (1921), 36–40

Däbritz, Walther, Aufruf zur Sammlung und Herausgabe von bildlichen Darstellungen aus dem älteren Ruhrkohlenbergbau, Bd. 39 (1921), 41–43

Bericht über die Tätigkeit des Historischen Vereins vom 1. Oktober 1919 bis zum 1. April 1921, Bd. 39 (1921), 44–47

Bd. 40 (1922) Wagner, Franz, Zur Geschichte des Essener Medizinalwesens vom Mittelalter bis zur Neuzeit, Bd. 40 (1922), 3–55

Bericht über die Tätigkeit des Historischen Vereins vom 1. April 1921 bis zum 1. Juli 1922, Bd. 40 (1922), 56–57

Bd. 41 (1923) Däbritz, Walther, Die Finanzgeschichte der Kruppschen Gußstahlfabrik unter ihrem Gründer Friedrich Krupp, Bd. 41 (1923), 3–39

Mews, Karl, Ernst Waldthausen (1811–1883). Ein Beitrag zur rheinischwestfälischen Wirtschaftsgeschichte, Bd. 41 (1923), 40–52

Bericht über die Tätigkeit des Historischen Vereins vom 1. Juli 1922 bis zum 1. Juli 1923, Bd. 41 (1923), 53–54

Bd. 42 (1924) Humann, Georg, Karolingisch-frühromanische Baukunst in Essen. Mit Anhang, Bd. 42 (1924), 3–54

Ribbeck, Konrad, Die Schulordnung des Essener lutherischen Gymnasiums vom Jahre 1737, Bd. 42 (1924), 55–67

Bericht über die Tätigkeit des Historischen Vereins vom 1. Juli 1923 bis zum 1. Januar 1925, Bd. 42 (1924), 68–71

Mitglieder-Verzeichnis für das Jahr 1925, Bd. 42 (1924), 72–77

Bd. 43 (1926) Wirtz, Wilhelm, Die Marken in den Stiftern Essen und Rellinghausen. Eine verfassungs- und wirtschaftsgeschichtliche Untersuchung, Bd. 43 (1926), 3–144

Hoederath, Hans Theodor, Die Landeshoheit der Fürstäbtissinnen von Essen, ihre Entstehung und Entwicklung bis zum Ende des 14. Jahrhunderts, Bd. 43 (1926), 145–194

Büscher, Franz, Mitteilungen aus Archiven, T. 1 und T. 2, Bd. 43 (1926), 195–277

I. Die Satzungen und Statuten der Stadt Essen, Bd. 43 (1926), 197–245
II. Plan der Beendigung des Organisationsgeschäftes und völliger Einführung der in den übrigen königlich-preußischen Staaten stattfindenden Verfassung in den ehemaligen Stiftern Essen, Werden und Elten vom 8. Mai 1803, Bd. 43 (1926), 246–277
Vogeler, Ferdinand, Die Mittwegschen Familienakten des Essener Stadtarchivs, Bd. 43 (1926), 279–316
Däbritz, Walther, Friedrich Grillo als Wirtschaftsführer. Vortrag, gehalten am 17. Januar 1926 aus Anlaß der Feier der 100jährigen Wiederkehr seines Geburtstages, Bd. 43 (1926), 317–333

Buchbesprechungen:

Wefelscheid, Heinrich; Lüstner, Otto (Hrsg.), Essener Heimatbuch, Frankfurt a. M., Moritz Diesterweg, 1925, Bd. 43 (1926), 335–336
Kleff, B. (Hrsg.), Bochum. Heimatbuch, Schürmann und Klagges, 1925, Bd. 43 (1926), 335–336
Schulte, Eduard, Geschichte der Freiheit Wattenscheid. Festschrift der Stadt Wattenscheid zu ihrer 500-Jahr-Feier, Karl Busch, Wattenscheid, 1925, Bd. 43 (1926), 335–336
Schulte, Eduard, Veröffentlichungen des Archives Wanne, Band I: Die Bevölkerung des Amtes Bochum im Jahre 1664, Wattenscheid, Karl Busch, 1925, Bd. 43 (1926), 336
Bericht über die Tätigkeit des Historischen Vereins vom 1. Januar 1925 bis 1. Januar 1926, Bd. 43 (1926), 337–340
Mitglieder-Verzeichnis für das Jahr 1926, Bd. 43 (1926), 341–346

Bd. 44 (1927) Deipenbrock, Kurt, Geschichte des Oberhofes Huckarde. Ein Beitrag zur westfälischen Rechts- und Wirtschaftsgeschichte. Mit 1 Karte, Bd. 44 (1927), 3–100
Hoederath, Hans Theodor, Die Wahlkapitulationen der Fürstäbtissinnen von Essen (1370–1726). Mit einer Anlage, Bd. 44 (1927), 101–143
Büscher, Franz, Mitteilungen aus Archiven, T. 3 und T. 4, Bd. 44 (1927), 145–182
III. Die Prozeßgesetze der Stadt Essen, Bd. 44 (1927), 147–166
IV. Die Gerichtsordnungen des Stiftes Essen, Bd. 44 (1927), 166–182
Stinnesbeck, Eberhard Ludwig, Die alten Tauf-, Trau- und Sterberegister der katholischen Kirchengemeinden im Stifte Essen, Bd. 44 (1927), 183–187
Schellbach, Siegfried, Die älteren Kirchenbücher der evangelischen Gemeinden von Essen und Rellinghausen, Bd. 44 (1927), 188
Bericht über die Tätigkeit des Historischen Vereins während des Jahres 1926, Bd. 44 (1927), 189–190
Mitglieder-Verzeichnis für das Jahr 1927, Bd. 44 (1927), 191–196

Bd. 45 (1927) Klein, Käthe, Die Baedeker-Zeitung und ihre Vorgängerin in Essen (1738–1848), Bd. 45 (1927), 3–127

Hoederath, Hans Theodor, Die geistlichen Richter der Fürstäbtissinnen von Essen, Bd. 45 (1927), 129–151

Glümer, Hans von, Essen zur Zeit des Großherzogtums Berg, Bd. 45 (1927), 153–176

Büscher, Franz, Mitteilungen aus Archiven, T. 5, Bd. 45 (1927), 177–212

V. Die Verfassungs- und Verwaltungsordnungen der Stadt Essen, Bd. 45 (1927), 179–212

A) Die Kurordnung vom 20. Februar 1602, Bd. 45 (1927), 182–192

B) Die Ordnung und Rolle der Vierundzwanziger oder der Vorsteher der Gemeinde, Bd. 45 (1927), 192–204

C) Die Rats-Ordnung der Stadt Essen vom 19. Dec. 1722, Bd. 45 (1927), 204–212

Kahn, Joseph, Urkunden der Vikarie B.M.V. zu Borbeck aus der Zeit von 1655 bis 1724, Bd. 45 (1927), 213–273

Lohmann, Friedrich Wilhelm, Äbtissin Anna Salome von Salm-Reifferscheidt und Stift und Stadt Essen zur Zeit ihrer Wahl (1646), Bd. 45 (1927), 275–287

Lohmann, Friedrich Wilhelm, Alte Kirchenbücher im Essener Stift, Bd. 45 (1927), 289–299

Fritzen, Johannes, Eine Gebehochzeit vor 100 Jahren, Bd. 45 (1927), 301–317

Buchbesprechung:

Berdrow, Wilhelm, Alfred Krupp, Berlin, Reimar Hobbing, 1927, Bd. 45 (1927), 318–320

Bericht über die Tätigkeit des Historischen Vereins während des Jahres 1927, Bd. 45 (1927), 321–323

Mitgliederverzeichnis für das Jahr 1928, Bd. 45 (1927), 325–330

Bd. 46 (1928) Overmann, Karl, Die Geschichte der Essener höheren Lehranstalten im 17. und 18. Jahrhundert mit besonderer Berücksichtigung des Evangelisch-Lutherischen Gymnasiums und seines Direktors Johann Heinrich Zopf. Mit einem Bildnis Zopfs, Bd. 46 (1928), 3–196

Schmidt, Ferdinand, Kindlinger als Essener Stifts-Archivar (1794–1802), Bd. 46 (1928), 197–232

Lohmann, Friedrich Wilhelm, Die Flüchtlinge der Französischen Revolution im Stifte Essen, Bd. 46 (1928), 233–278

Däbritz, Walther, Carl Julius Schulz, der Begründer des Blechwalzwerks Schulz, Knaudt & Co., Essen, Bd. 46 (1928), 279–293

Lehnhäuser, Anton, Das alte Markenbuch der Bauerschaften Hinsel und Holthausen (Überruhr), Bd. 46 (1928), 294–306

Kahn, Josef, Drei alte Borbecker Kirchenregister (1447, 1627, 1657), Bd. 46 (1928), 307–328

Hoederath, Hans Theodor, Das Rellinghauser Land- und Stoppelrecht. Ein Beitrag zur westfälischen Rechtsgeschichte, Bd. 46 (1928), 329–407

Fritzen, Johannes, Alte Fastnachtsbräuche in der Essener Gegend, Bd. 46 (1928), 409–417

Humann, Georg, Aus alten Schellenberger Tagen, Bd. 46 (1928), 419–424

Buchbesprechungen:

Lohmann, Friedrich Wilhelm (Hrsg.), Historisches Archiv des Erzbistums Köln. Quellen und Hinweise zu bistumsgeschichtlichen Forschungen, Heft 1, 1928, Bd. 46 (1928), 425

Bette, Ludwig, Das freiweltlich-hochadelige Damenstift Essen und das Vest Recklinghausen, (Vestische Zeitschrift, Bd. 34, S. 136–191; Bd. 35, S. 225–263), Bd. 46 (1928), 425

Redlich, Otto R., Quellen zur Rechts- und Wirtschaftsgeschichte der rheinischen Städte.-Bergische Städte. III. Ratingen (Publikat. der Gesellsch. f. rhein. Geschichtsk., XXIX), Bonn, Hanstein, 1928, Bd. 46 (1928), 426

Bericht über die Tätigkeit des Historischen Vereins während des Jahres 1928, Bd. 46 (1928), 427–431

Bd. 47 (1930) Ascherfeld, Milly, Maria Kunigunde von Sachsen, die letzte Fürstäbtissin des Stiftes Essen (1776–1802), Bd. 47 (1930), 1–119

Kamp, Max van de, Das niedere Schulwesen in Stadt und Stift Essen bis 1815, Bd. 47 (1930), 121–225

Schroeder, Ferdinand, Erinnerungen eines alten Esseners (Lebenserinnerungen des Wilhelm Schroeder, Lehrer an den Gymnasien Essen und Cleve), Bd. 47 (1930), 227–263

Sellmann, Wilhelm, Die Mühlen in Stadt und Stift Essen. Mit 1 Karte, Bd. 47 (1930), 265–357

Buchanzeige:

Bianchi, Wilhelm, Der Patronat im Kirchspiel Wattenscheid, zugleich ein Beitrag zur Geschichte des kirchlichen Stellenbesetzungsrechtes (Hans Theodor Hoederath), Bd. 47 (1930), 358–359

Bericht über die Tätigkeit des Historischen Vereins während des Jahres 1929, Bd. 47 (1930), 361–363

Bd. 48 (1930) Jubiläumsausgabe zum 50jährigen Bestehen des Historischen Vereins (1880–1930), Konrad Ribbeck zum Gedenken

Mews, Karl, 50 Jahre Historischer Verein für Stadt und Stift Essen, Bd. 48 (1930), 1–13

Hoederath, Hans Theodor, Konrad Ribbecks Schriften, Bd. 48 (1930), 15–21

Ribbeck, Konrad, Zur Kultur- und Wirtschafts-Geschichte des Stiftes Essen im Mittelalter, Bd. 48 (1930), 23–50

Lohmann, Friedrich Wilhelm, Eine alte Bruderschaft in den Dekanaten Wattenscheid und Essen (Kaland, erneuert 1326), Bd. 48 (1930), 51–97

Krägeloh, Konrad, Die Lehnkammer des Frauenstifts Essen. Ein Beitrag zur Erforschung des Essener Kanzleiwesens, Bd. 48 (1930), 99–278

Hoederath, Hans Theodor, Die Religionsordnungen der Fürstäbtissin Maria Clara von Spaur, Bd. 48 (1930), 279–297

Espey, Paul, Bernhard Christoph Ludwig Natorp als pädagogischer Schriftsteller. Mit Anlagen, Bd. 48 (1930), 299–383

Däbritz, Walther, Johann Wilhelmi und sein Kreis, Bd. 48 (1930), 385–419

Mews, Karl, Heinrich Heintzmann, 1778–1858. Ein Bergmanns- und Beamtenleben, Bd. 48 (1930), 421–447

Bd. 49 (1931)   Lehnhäuser, Anton, Die Münzen des Hochstiftes Essen. Mit 3 Tafeln, Bd. 49 (1931), 1–48

Schröder, Ferdinand, Der Oberhof Fronhausen an der Lahn, Bd. 49 (1931), 49–87

Ascherfeld, Milly, Die Entstehung des lutherischen Konsistoriums in Essen und seine Zuständigkeit, Bd. 49 (1931), 89–134

Becker, Johannes, Die Waisenerziehung im Hochstifte Essen bis zu dessen Säkularisierung im Jahre 1803 unter besonderer Berücksichtigung des Steeler Waisenhauses. Ein Beitrag zur Anstaltserziehung des 18. Jahrhunderts. Mit Anlagen, Bd. 49 (1931), 135–232

Döring, Theo, Die Geschichte des Essener Theaters von den Anfängen bis 1892. Mit Anlagen, Bd. 49 (1931), 233–341

Fritzen, Johannes, Essener Volks- und Kinderreime, Bd. 49 (1931), 343–377

Staub, August Wilhelm, Als Werkstudent im Ruhrbergbau, Bd. 49 (1931), 379–438

Böhmer, Hermann, Ein Gang über den alten Friedhof am Kettwiger Tor, Bd. 49 (1931), 439–453

Buchbesprechungen:

Spethmann, Hans, Zwölf Jahre Ruhrbergbau. 1914 bis 1925, 5 Bde., Berlin, Reimar Hobbing (Karl Mews), Bd. 49 (1931), 455–456

Mews, Karl, Ruhrzechen. Lithographien von Paul Ricken, Essen, Selbstverlag, 1931, Bd. 49 (1931), 456

Wiedemann, Alfred, Geschichte Godesbergs und seiner Umgebung, Bad Godesberg, Verlag des Amtes Godesberg, 2. Aufl. 1930 (Hans Theodor Hoederath), Bd. 49 (1931), 457

Bühler, Johannes, Die Kultur des Mittelalters, Leipzig, Alfred Kröner, 1931 (Hans Theodor Hoederath), Bd. 49 (1931), 457

Bericht über die Tätigkeit des Historischen Vereins während der Jahre 1929–1931, Bd. 49 (1931), 459–462

Bd. 50 (1932)	Mews, Karl, Georg Humann, Bd. 50 (1932), I-V
	Hoederath, Hans Theodor, Georg Humanns Schriften, Bd. 50 (1932), VI–VIII
	Michels, Franz, Huttrop. Zur Geschichte der Großbauerschaft und des Hofes. Mit Abb., Bd. 50 (1932), 1–260
	Rotscheidt, Wilhelm, Heinrich Kaufmanns Essener Chronik bis zum Jahre 1665, Bd. 50 (1932), 261–342
	Tümmler, Hans, Briefe der Äbtissin von Essen aus dem Jahre 1650 im Reichsarchiv zu Stockholm, Bd. 50 (1932), 343–344
	Glümer, Hans von, Der Kruppsche Bildungsverein, Bd. 50 (1932), 345–357

Buchbesprechungen:

Historische Kommission des Provinzialinstituts für westfälische Landes- und Volkskunde; Rheinisch-Westfälisches Wirtschaftsarchiv; Volkswirtschaftliche Vereinigung im rheinisch-westfälischen Industriegebiet (Hrsg.), Rheinisch-westfälische Wirtschaftsbiographien (Zugleich Sonderreihe der von Aloys Bömer und Otto Leunenschloß herausgegebenen Westfälischen Lebensbilder, Bd. I, Heft 2), Münster, Aschendorff, 1932 (Karl Mews), Bd. 50 (1932), 358–359

Winschuh, Josef, Der Verein mit dem langen Namen. Geschichte eines Wirtschaftsverbandes, Berlin, Dux-Verlag, 1932 (Karl Mews), Bd. 50 (1932), 358–359

Matschoß, Conrad; Lindner, Werner (Hrsg.), Technische Kulturdenkmale, München, F. Bruckmann AG, 1932, Bd. 50 (1932), 360

Berdrow, Wilhelm, Familie Krupp in Essen (1587–1887) und Genealogische Tafeln (von Fritz Gerhard Kraft), Essen, 1932 (Karl Mews), Bd. 50 (1932), 360–361

Bein, Alex; Goldschmidt, Hans, Friedrich Hammacher. Lebensbild eines Parlamentariers und Wirtschaftsführers 1824–1904, Berlin, E. S. Mittler und Sohn, 1932 (Hans Theodor Hoederath), Bd. 50 (1932), 361

Schnath, Georg, Hannover und Westfalen in der Raumgeschichte Nordwestdeutschlands, Braunschweig-Berlin-Hamburg, Georg Westermann, 1932 (Hans Theodor Hoederath), Bd. 50 (1932), 361–362

Bericht über die Tätigkeit des Historischen Vereins im Jahre 1932, Bd. 50 (1932), 363–365

Bd. 51 (1933)	Kraft, Fritz Gerhard, Bürger, Häuser und Straßen in Essen zu Anfang des 19. Jahrhunderts. Mit Abb., Bd. 51 (1933), 1–208
	Bericht über die Tätigkeit des Historischen Vereins im Jahre 1933, Bd. 51 (1933), 209–212
Bd. 52 (1934)	Vries, Robert de, Die Landtage des Stiftes Essen. Ein Beitrag zur Verfassungsgeschichte der geistlichen Territorien, Bd. 52 (1934), 1–168
	Kamp, Max van de, Die Organisation der Essener Volksschule von 1815–1850, Bd. 52 (1934), 169–201

Jahn, Robert, Zur Deutung des Ortsnamens Essen, Bd. 52 (1934), 203–208

Lehnhäuser, Anton, Die Verlegung des Reichsstifts Thorn nach Steele, Bd. 52 (1934), 209–214

Fritzen, Johannes, Altweiberfastnacht in Werden (Ruhr), Bd. 52 (1934), 215–220

Buchbesprechungen:

Meis, Hans, Der Ruhrbergbau im Wechsel der Zeiten. Festschrift zum 75jährigen Bestehen des Vereins für die bergbaulichen Interessen, Essen, 1933, Bd. 52 (1934), 221

Spethmann, Hans, Das Ruhrgebiet im Wechselspiel von Land und Leuten, Wirtschaft, Technik und Politik, 2 Bde., Berlin, 1933, Bd. 52 (1934), 221–222

Historische Kommission des Provinzialinstituts für westfälische Landes- und Volkskunde; Rheinisch-Westfälisches Wirtschaftsarchiv; Volkswirtschaftliche Vereinigung im rheinisch-westfälischen Industriegebiet (Hrsg.), Rheinisch-westfälische Wirtschaftsbiographien, Sonderreihe der Westfälischen Lebensbilder, Bd. I, Heft 3, 1932, und Bd. II, Heft 1, Münster, Aschendorff, 1934, Bd. 52 (1934), 222–223

Winterfeld, Luise von, Geschichte der freien Reichs- und Hansestadt Dortmund, Dortmund, Fr. W. Ruhfus, 1934, Bd. 52 (1934), 223

Der Raum Westfalen. Bd. I, 1931, und Bd. II, 2. Teil, 1934, Berlin, Reimar Hobbing, Bd. 52 (1934), 224–225

Staub, August Wilhelm, Kumpel Student. Vier Werkjahre im deutschen Bergbau, Deutscher Hochschul-Verlag, 1932, Bd. 52 (1934), 225

Bericht über die Tätigkeit des Historischen Vereins im Jahre 1934, Bd. 52 (1934), 227–229

Bd. 53 (1935) Ascherfeld, Milly, Das Essendische Gesangbuch vom Jahre 1748, Bd. 53 (1935), 1–98

Fritzen, Johannes, Zwischen Land und Stadt. Aus dem Leben in der rheinischen Gemeinde Altendorf um 1865–1875, Bd. 53 (1935), 99–178

Lange, Joseph, Die Lebensmittelversorgung der Stadt Essen während des Krieges, Bd. 53 (1935), 179–285

Buchbesprechungen:

Däbritz, Walther, Bochumer Verein für Bergbau und Gußstahlfabrikation in Bochum, Neun Jahrzehnte seiner Geschichte im Rahmen der Wirtschaft des Ruhrbezirks, Bd. 53 (1935), 287–288

Kraft, Fritz Gerhard, Die Familie Wallmichrath, ihre Sippen und Höfe. Ein Beitrag zur Geschichte der ehemal. Herrschaft Hardenberg im Niederbergischen Land, Essen, Selbstverlag Erich Wallmichrath, 1934, Bd. 53 (1935), 288

Westerholt, Wilhelm, Das Haus der sieben Teufel, Essen, Reismann-Grone, 1935, Bd. 53 (1935), 288

Pfeiffer, G., Westfälisches Bauerntum. Bildwiedergaben ausgewählter Urkunden und Akten zur Geschichte Westfalens, Mappe V, Münster, 1935, Bd. 53 (1935), 288–289

Loo, Leo van de (Schriftleitung), Loo-Blätter. Familien-Zeitschrift für die Sippe Loo, Essen, 1935, Bd. 53 (1935), 289

Ruhrland. Heimat und Familie, Essen, Fredebeul & Koenen, Bd. 53 (1935), 289

Festschrift zur Feier des 25jährigen Bestehens des Realgymnasiums Essen-Bredeney (1910–1935), Essen, 1935, Bd. 53 (1935), 289

Bericht über die Tätigkeit des Historischen Vereins im Jahre 1935, Bd. 53 (1935), 291–294

Bd. 54 (1936) Mews, Karl, Heinz Kunolt, Bd. 54 (1936), 5–9

Eichholz, P., Ein Essener Baumeister des 12. Jahrhunderts (Henricus de Essende), Bd. 54 (1936), 11–26

Kuhlendahl, Alfred, Die Einführung der Reformation und die Geschichte der ersten deutsch-reformierten Gemeinde 1563–1571 in der Stadt Essen, Bd. 54 (1936), 27–119

Schmitz, Hubert, Ausgewählte Kapitel aus der Lebensmittelversorgung der Stadt Essen in der Kriegs- und Nachkriegszeit, Bd. 54 (1936), 121–168

Böhmer, Hermann, Gewerbe, Handel und Industrie in Essen. Gewesenes und Bestehendes. Nach einem Vortrag im November 1934, Bd. 54 (1936) 169–187

Buchbesprechungen:

Schulte, Eduard, Urkunden und Akten zur Geschichte von Wattenscheid, Bd. II: Das Stadtarchiv Wattenscheid und das evangelische Archiv Wattenscheid, Wattenscheid, Karl Busch, 1935, Bd. 54 (1936), 189

Wülfrath, Karl, Bibliotheca Marchica. Die Literatur der Westfälischen Mark, Teil 1: Von den Frühdrucken bis 1666, (Veröffentlichungen der Historischen Kommission des Provinzialinstituts für westfälische Landes- und Volkskunde XXI), Münster, Aschendorff, 1936, Bd. 54 (1936), 189

Schuchhardt, Vorgeschichte von Deutschland, 3. verbesserte Auflage, 1935, und Deutsche Vor- und Frühgeschichte in Bildern, 1936, München, Berlin, R. Oldenburg, Bd. 54 (1936), 190

Goetz, H., Die neue Kartei für Familienforschung, München, Lehmanns Verlag, 1935, Bd. 54 (1936), 190

Heinrichsbauer, A., Harpener Bergbau-Aktien-Gesellschaft. 1856–1936, Essen, Glückauf, 1936, Bd. 54 (1936), 190–191

Ophüls, Wilhelm, Alt-Langenberg. Ein Heimatbuch, Langenberg, W. Hermann, 1936, Bd. 54 (1936), 191

Bericht über die Tätigkeit des Historischen Vereins im Jahre 1936, Bd. 54 (1936), 193–195

Bd. 55 (1937) Dösseler, Emil, Essen und der deutsche Ostseeraum zur Hansezeit. Regesten vornehmlich zur Geschichte der westfälischen Ostwanderung, Bd. 55 (1937), 5–62

Mews, Karl, Essen als Familiennamen im Ostseeraum zur Hansezeit, Bd. 55 (1937), 63–67

Höfken, Günter, Aus der Geschichte des Deutzer Oberhofes Schulte-Herveling in Leithe (zugleich ein Beitrag zur Geschichte des Adelsgeschlechts von der Leithen), Bd. 55 (1937), 69–112

Fritzen, Johannes, Einiges aus dem alten Essen, Bd. 55 (1937), 113–151

I. Sprüche und Redensarten, Bd. 55 (1937), 115–144

II. Der Spion, Bd. 55 (1937), 145–151

Schmitz, Hubert, Theodor Imme und sein Wirken, Bd. 55 (1937), 153–170

Bibliographie seiner Veröffentlichungen (1873–1923), Bd. 55 (1937), 159–170

Mews, Karl, Otto Krawehl, Bd. 55 (1937), 171–180

Buchbesprechungen:

Historische Kommission des Provinzialinstituts für westfälische Landes- und Volkskunde; Rheinisch-Westfälisches Wirtschaftsarchiv; Volkswirtschaftliche Vereinigung im rheinisch-westfälischen Industriegebiet (Hrsg.), Rheinisch-westfälische Wirtschaftsbiographien, Bd. III, 1936, und Bd. II, 2/3, 1937, Münster, Aschendorff, Bd. 55 (1937), 181–182

Spethmann, Hans, Wie unser Ruhrgebiet wurde, Berlin, Paul Schmidt, 1936. Ders., Fünfzig Jahre Verein technischer Grubenbeamten Oberhausen, 1885–1935, Gelsenkirchen, 1935. Ders., Der Verband technischer Grubenbeamten, 1886–1936, Gelsenkirchen, Carl Bertenburg, 1936, Bd. 55 (1937), 182

Feldens, Franz, Musik und Musiker in der Stadt Essen, Essen, Walter Bacmeisters Nationalverlag, 1936, Bd. 55 (1937), 182–183

Geschichte des Telegraphenamts Essen. Denkschrift aus Anlass des 50jährigen Bestehens der Fernsprechvermittlungsstelle Essen und des niederrheinisch-westfälischen Industriebezirksnetzes, Essen, 1937, Bd. 55 (1937), 183

Bericht über die Tätigkeit des Historischen Vereins im Jahre 1937, Bd. 55 (1937), 185–187

Bd. 56 (1938) Mews, Karl, Zum Geleit, Bd. 56 (1938), 5

Jahn, Robert, Der Hoftag König Ottos I. bei Steele im Mai 938, Bd. 56 (1938), 7–90

Loo, Leo van de, Eickenscheidt. Zur Geschichte des Oberhofes, des Hofes und seiner Unterhöfe sowie der aufsitzenden Familien, zugleich ein Beitrag zur Gründungsgeschichte Essens und zur Geschichte des Essener Bauerntums. Mit Abb., Bd. 56 (1938), 91–211

Lehnhäuser, Anton, Das Steeler Bürgerbuch, Bd. 56 (1938), 213–246

Bd. 57 (1938) Reismann-Grone, Theodor, Die Geographie des Ptolemäos für Niederrhein-Westfalen, Bd. 57 (1938), 5–20

Jahn, Robert, Ein kritischer Streifzug durch das Kartenwerk des Claudius Ptolemäus, Bd. 57 (1938), 21–38

Kirchner, Bernhard, 10 Jahre Magistratsgericht Essen 1658–1668. Forschungsergebnisse aus dem Stadtarchiv Essen, Bd. 57 (1938), 39–140

Bericht über die Tätigkeit des Historischen Vereins im Jahre 1938, Bd. 57 (1938), 141–146

Buchbesprechungen:

Spethmann, Hans, Das Ruhrgebiet, 3. Bd.: Das Ruhrgebiet der Gegenwart, Berlin, Paul Schmidt, 1938, Bd. 57 (1938), 147

Rieger, Ernst (Hrsg.), Westfälische Forschungen, Mitteilungen des Provinzialinstituts für westfälische Landes- und Volkskunde, Münster, Aschendorff, 1938, Bd. 57 (1938), 147–148

Frisch, Margarete, Die Grafschaft Mark, Der Aufbau und die innere Gliederung des Gebietes, besonders nördlich der Ruhr, (Veröffentlichungen der Historischen Kommission des Provinzialinstituts für westfälische Landes- und Volkskunde, XXII. Geschichtliche Arbeiten zur westfälischen Landesforschung, Bd. 1), Münster, Aschendorff, 1937, Bd. 57 (1938), 148

Heimatbücher: Stadtverwaltung Oberhausen (Hrsg.), Oberhausen. Heimatbuch-75 Jahre Oberhausen, Oberhausen, Rheinische National-Druckerei und Verlag, 1937; Freytag & Most (Hrsg.), Duisburg, Berlin, Paul Schmidt, 1937. Essen: 1. Wefelscheid, H., Essener Heimatbuch, Essen, Küster & Co., 1938 2. Spethmann, Hans (Hrsg.), Die Stadt Essen, Berlin, Paul Schmidt, 1938 (Karl Mews), Bd. 57 (1938), 148–149

Bd. 58 (1939) Krägeloh, Konrad, Urkundliche und statistische Unterlagen der Abhandlung: Die Lehnkammer des Frauenstifts Essen, Bd. 58 (1939), 5–171

Anlage 1: Das älteste Lehnbuch des Frauenstifts Essen, Bd. 58 (1939), 13–63

Anlage 2: Ergänzungen des ältesten Lehnbuches, Bd. 58 (1939), 64–69

Anlage 3: Die älteste Taxordnung der Kanzlei, Bd. 58 (1939), 70–71

Anlage 4: Beamtentabellen, Bd. 58 (1939), 72–81

Anlage 5: Genealogische Listen der vier Erbämterbelehnten, Bd. 58 (1939), 82–89

Anlage 6: Lehngütertabellen, Bd. 58 (1939), 90–171

Schmitz, Hubert, Lebensmittelkarten der Stadt Essen in der Kriegs- und Nachkriegszeit, Bd. 58 (1939), 173–202

Bericht über die Tätigkeit des Historischen Vereins im Jahre 1939, Bd. 58 (1939), 203–204

Buchbesprechungen:

Krogmann, Willy, Die Heimatfrage des Heliand im Lichte des Wortschatzes, Seestadt Wismar, Hinstorffsche Verlagsbuchhandlung, 1937, Bd. 58 (1939), 205

Redlich, Otto R., Staat und Kirche am Niederrhein zur Reformationszeit, (Schriften des Vereins für Reformationsgeschichte Nr. 164), Leipzig, M. Heinsius Nachf., Bd. 58 (1939), 206

Bd. 59 (1940)   Lehnhäuser, Anton, Die Ostgrenze des Stifts Essen. Grenzstreitigkeiten, insbesondere mit der Grafschaft Mark, Bd. 59 (1940), 5–47

Feldens, Franz, Die alten Glocken der Stadt Essen, Bd. 59 (1940), 49–119

Meisenburg, Friedrich, Die Stadt Essen in den Revolutionsjahren 1848–1849, Bd. 59 (1940), 121–274

Bericht über die Tätigkeit des Historischen Vereins im Jahre 1940, Bd. 59 (1940), 275–276

Buchbesprechungen:

Gehne, Fritz, Burg und Stadt Holten (Heft 1 der Oberhausener Jahreshefte), 1939, Bd. 59 (1940), 277

Loo, Leo van de, Heimatbuch der Gemeinde Altendorf an der Ruhr, 1939, Bd. 59 (1940), 277

Festschrift der katholischen Kirchengemeinde St. Mariä Himmelfahrt Essen-Altendorf, Recklinghausen, 1939, Bd. 59 (1940), 277

Kremer, B.; Dreyer, Toni (Hrsg.), Westfälisches Geschlechterbuch, Bd. 1 (Bd. 108 des deutschen Geschlechterbuches), Görlitz, Starke, 1940, Bd. 59 (1940), 277

Stokar, W. von; Kallen; Grimm; Plümer, F., Rheinische Geschichte als Spiegel der deutschen Geschichte, Düsseldorf, L. Schwann, 1940, Bd. 59 (1940), 277–278

Bd. 60 (1940)   Mews, Karl, Zum 60jährigen Bestehen des Historischen Vereins, Bd. 60 (1940), 5–7

Jahn, Robert, Die ältesten Sprach- und Literaturdenkmäler aus Werden und Essen, Bd. 60 (1940), 9–142

I. Der gotische Codex Argenteus (bis um 1600 in Werden), Bd. 60 (1940), 13–39

II. Der altsächsische »Heliand« (angeblich aus Werden), Bd. 60 (1940), 39–64

III. Lateinische Schriftwerke aus Werden (Liudgers Vita Gregorii. Die Vitae Liudgeri nach Altfrid. Die Vita rythmica. Uffings Preisgedicht), Bd. 60 (1940), 64–72

IV. Kleinere altsächsische Sprachdenkmäler aus Essen und Werden (Das altsächsische Werdener Heberegister. Das Essener Heberegister. Die Prudentiusglossen aus Werden. Die Evangelienglossen aus Essen.

Die Gregorglossen aus Essen. Die Allerheiligenhomilie aus Essen), Bd. 60 (1940), 72–80

V. Der Essener Beichtspiegel, Bd. 60 (1940), 80–94

VI. Das Werdener Liederheft, Bd. 60 (1940), 94–98

VII. Das Essener Liederheft, Bd. 60 (1940), 98–126

a) Das Mühlenlied, Bd. 60 (1940), 100–104

b) Das Tannhäuserlied, Bd. 60 (1940), 104–123

c) Trostlied in Todesnot, Bd. 60 (1940), 123–126

VIII. Das Lied von der Schlacht bei Hulst (im Stadtarchiv Essen), Bd. 60 (1940), 127–142

IX. »Gute Stadt Essen«, Bd. 60 (1940), 142

Kirchner, Bernhard, Rechtswesen und Rechtsbräuche in der Stadt Essen während des 16. und 17. Jahrhunderts. Forschungsergebnisse aus dem Stadtarchiv Essen, Bd. 60 (1940), 143–237,

Brandi, Paul, Der Aufstieg der Stadt Essen zur Industriemetropole. Eine Erinnerung an Oberbürgermeister Erich Zweigert, Bd. 60 (1940), 239–294

Jahn, Robert; Mews, Karl, Inhaltsverzeichnis der Beiträge zur Geschichte von Stadt und Stift Essen, Heft 1–60, Bd. 60 (1940), 295–308

A) Verzeichnis nach Verfassern, Bd. 60 (1940), 297–305

B) Verzeichnis nach Stichworten, Bd. 60 (1940), 306–308

Bd. 61 (1941)   Mews, Karl, Essener Geschichtsschreibung und ihre Aufgaben für die Zukunft, Bd. 61 (1941), 5–17

Jahn, Robert, Das Essener Stadtarchiv, Bd. 61 (1941), 19–43

Meisenburg, Friedrich, Alte Waffeleisen im Essener Heimatmuseum. Ein Beitrag zur Volkskunde des Ruhrgebietes. Mit Abb., Bd. 61 (1941, 45–54

Quint, Fritz, 50 Jahre Bergbau, vom Kumpel gesehen, Bd. 61 (1941), 55–77

Krogmann, Willy; Jahn, Robert, Noch einmal die Heimatfrage des »Heliand«, Bd. 61 (1941), 79–84

Bericht über die Tätigkeit des Historischen Vereins im Jahre 1941, Bd. 61 (1940), 85–86

Buchbesprechungen:

Loo, Leo van de, Bernsau. Zur Geschichte des Ritter- und Bauerngeschlechts (1150–1940) mit einer Geschichte der niederbergischen Herrschaft Hardenberg und vieler niederbergischer Höfe, Essen, 1940, Bd. 61 (1941), 87

Rühle, Herbert (Hrsg.), Quellen und Forschungen zur Geschichte der Stadt Mülheim an der Ruhr (ehemal. Herrschaft Broich) Folge 1: Das Werden einer Großstadt, 1939; Folge 2: Jansen, G., Die Persönlichkeiten und die Zeit der Leininger Grafen in der Unterherrschaft Broich im 17. und 18. Jahrhundert, Bd. 61 (1941), 87

Mews, Karl, 100 Jahre Städtische Sparkasse Essen, Essen, 1941, Bd. 61 (1941), 87–88

Bd. 62 (1947) Mews, Karl, Rückblick — Ausblick, Bd. 62 (1947), 5–9
Jahn, Robert, Wandlungen Essens im geistigen Raum, Bd. 62 (1947), 11–30
Spethmann, Hans, Die Anfänge der ruhrländischen Koksindustrie, Bd. 62 (1947), 31–84
Potthoff, Ludwig, Das Grabmal der Äbtissin Elisabeth von Berg in der Münsterkirche zu Essen, Bd. 62 (1947), 85–97
Meisenburg, Friedrich, Alte Kesselhaken im Essener Heimatmuseum, Bd. 62 (1947), 99–112
Buchbesprechungen:
Zwischen Rhein und Maas. Ein Beitrag zur Landes-, Wirtschafts- und Kulturgeschichte des Maasraumes im Mittelalter, (Rheinische Kulturgeschichte in Querschnitten aus Mittelalter und Neuzeit, Bd. 3), Köln, Balduin Piek, 1942, Bd. 62 (1947), 113
Mertes, Das Werden der Dortmunder Wirtschaft, Dortmund, Fr. Wilh. Ruhfus, 2. Aufl. 1942 (Karl Mews), Bd. 62 (1947), 113–114
Spethmann, Hans, Neue Forschungen zur Geschichte der rheinisch-westfälischen Industrie. Denkschriften: Der Märkische Ruhrkohlenbergbau von 1539 bis 1662, Essen, 1944; Die Haniels in Ruhrort bis zu den Befreiungskriegen, 1. Teil, 1942, und 2. Teil, 1944, Essen; Neue Ergebnisse der Dinnendahl-Forschung, Essen, 1942 (Karl Mews), Bd. 62 (1947), 114–115

Bd. 63 (1948) Ascherfeld, Milly, Zwei Essener Goldschmiede auf der Wanderschaft. Reisebriefe der Brüder Adalbert und Wilhelm Ascherfeld aus den Jahren 1837–1841, Bd. 63 (1948), 3–156
Bericht über die Tätigkeit des Historischen Vereins 1946–1947, Bd. 63 (1948), 157–159
Buchbesprechungen:
Im Schriftentausch: Mitteilungen des Vereins für Geschichte und Landeskunde von Osnabrück (Historischer Verein), Band 62, Osnabrück, 1947; Historische Gesellschaft (Hrsg.), Bremisches Jahrbuch, Band 42, Bremen, 1947, Bd. 63 (1948), 160
Spethmann, Hans, Die ersten Mergelzechen im Ruhrgebiet, Essen, 1947, vorläufige Ausgabe, Bd. 63 (1948), 160

Bd. 64 (1949) Mews, Karl, Dr. Ernst Christian Justus Kahrs †, Bd. 64 (1949), 4–5
Kahrs, Ernst, Aus Essens Vor- und Frühgeschichte. Mit Abb., Bd. 64 (1949), 7–78
Das Eiszeitalter (Alt-Steinzeit), Bd. 64 (1949), 9–20
Nacheiszeit (Mittlere Steinzeit), Bd. 64 (1949), 20–24
Jungsteinzeit, Bd. 64 (1949), 24–31

Bronzezeit, Bd. 64 (1949), 31–32
Eisenzeit (800–0), Bd. 64 (1949), 32–35
Römische Kaiserzeit, Bd. 64 (1949), 35–36
Die Alteburg, Bd. 64 (1949), 37–48
Fränkische Herrenburg auf dem Pastoratsberg, Bd. 64 (1949), 48–54
Die Burg von Essen, Bd. 64 (1949), 54–63
Die Vryburg in Steele-Horst, Bd. 64 (1949), 63–66
Die Isenburg, Bd. 64 (1949), 68–76

Bd. 65 (1950)
Mews, Karl, Vom 60. zum 70. Geburtstag, Bd. 65 (1950), 3–11
Mews, Karl, Essen im Ausgang des 19. Jahrhunderts, Bd. 65 (1950), 13–32
Neumann, Wilhelm, Vom Bombenkrieg und seinen Folgen, Bd. 65 (1950), 33–41
Spethmann, Hans, Die Eroberung des Ruhrgebietes im Frühjahr 1945. Mit 9 Kartenskizzen, Bd. 65 (1950), 43–91
Bericht über die Tätigkeit des Historischen Vereins 1948–1950, Bd. 65 (1950), 93–96

Bd. 66 (1950)
Drögereit, Richard, Werden und der Heliand. Studien zur Kulturgeschichte der Abtei Werden und zur Herkunft des Heliand. Mit 19 Schrifttafeln, Bd. 66 (1950), 3–112

Bd. 67 (1952)
Geleitwort zur 1100-Jahr-Feier Essens, Bd. 67 (1952), 3
Jammers, Ewald, Die Bedeutung der Handschriften Düsseldorf D 1–3 aus Essen für die Musik- und Geisteswissenschaft, Bd. 67 (1952), 5–21
Weigel, Helmut, Das Wachszinsrecht im Stift Essen, Bd. 67 (1952), 23–136
Kirchner, Bernhard; Eger, Anni, Heinrich Kaufmanns Annotationsbuch, Bd. 67 (1952), 137–221
Aders, Günter, Die Essener Chronik des Johannes Ursinus, Bd. 67 (1952), 223–257
Raesfeld, Werner von, Die Wehrmachtkommandantur Essen von 1943 bis 1945, Bd. 67 (1952), 259–270
Bericht über die Tätigkeit des Historischen Vereins 1951, Bd. 67 (1952), 271–273
Buchbesprechungen:
Spethmann, Hans, Forschungen zur Geschichte des Ruhrbergbaus, Bd. 1, Heft 1 u. 2, Essen, 1951, Bd. 67 (1952), 274
Drögereit, Richard, Sachsen und Angelsachsen, Sonderdruck, (Niedersächsisches Jahrbuch für Landesgeschichte, Bd. 21), Hannover, 1949, Bd. 67 (1952), 274–275
Sauerbrei, Max, Die Sachsen und Thüringer im Ruhrgebiet, Dortmund, 1950, Bd. 67 (1952), 275

Muck, Hertha, Dr. Otto Muck in Memoriam, Essen, 1949, Bd. 67 (1952), 275

Feldens, Franz, Aus der vergessenen Ecke, Essen, Rheinisch-Westfälische Verlagsanstalt, 1951, Bd. 67 (1952), 275–276

Hoffmann, A. (Hrsg.), Ruhrländischer Heimatkalender 1952, Essen, Ruhrländische Verlagsgesellschaft, 1952; Jansen, Carl (Hrsg.), Die Heimatstadt Essen, Essen, Alfred Müller, 1952, Bd. 67 (1952), 276

Grewe, Heinz (Hrsg.), Essen. Starkes Herz der deutschen Lande, Essen, Industriedruck AG, 1952, Bd. 67 (1952), 276

Jahn, Robert, Essener Geschichte. Die geschichtliche Entwicklung im Raum der Großstadt Essen, Essen, W. Th. Webels, 1952, Bd. 67 (1952), 276

Bd. 68 (1952) Hübinger, Paul Egon, 1100 Jahre Stift und Stadt Essen. Festvortrag bei der 1100-Jahrfeier der Stadt Essen am 9. Mai 1952, Bd. 68 (1952), 1–30

Bd. 69 (1953) Meisenburg, Friedrich, Die »Essener Volks-Halle«, eine demokratische Zeitung aus den Jahren 1849–1850, Bd. 69 (1953), 3–96

Jahn, Robert, Der holländische Seeheld Jan van Galen aus Essen 1604–1653, Bd. 69 (1953), 97–110

Mews, Karl, Nürnberger Tage. Zur 100-Jahr-Feier des Gesamtvereins der deutschen Geschichts- und Altertumsvereine und des Germanischen National-Museums, Bd. 69 (1953), 111–117

Bericht über die Tätigkeit des Historischen Vereins 1952, Bd. 69 (1953), 118–120

Buchbesprechungen:

Jammers, Ewald, Die Essener Neumenhandschriften der Landes- und Stadtbibliothek Düsseldorf, Ratingen, Alois Henn, 1952, Bd. 69 (1953), 121

Rudert, Fritz, Essen in Schwarz-Weiß, Essen, Selbstverlag, 1953, Bd. 69 (1953), 121

Potthoff, Ludwig, Rellinghausen im Wandel der Zeit, Essen, Selbstverlag, 1953, Bd. 69 (1953), 122

Klass, Gert von, Die drei Ringe. Lebensgeschichte eines Industrieunternehmens (Krupp), Tübingen u. Stuttgart, Reiner Wunderlich, Hermann Leins, 1953, Bd. 69 (1953), 122

Mews, Karl, Gesellschaft Verein Essen. 1828–1953, Essen, W. Girardet, 1953, Bd. 69 (1953), 122–123

Bd. 70 (1955) Mews, Karl, Zum 75jährigen Bestehen des Historischen Vereins 1880–1955, Bd. 70 (1955), 3

Schröder, Ernst, Krupp und die Entstehung des Ruhrreviers, Bd. 70 (1955), 5–22

Spethmann, Hans, Der Kampf der Zeche Schölerpad um einen Tiefbau unter dem Direktionsprinzip, Bd. 70 (1955), 23–54

Mews, Karl, Friedrich Grillo und Neuschottland, Bd. 70 (1955), 55–69

Meisenburg, Friedrich, Die Cholera in Essen im Jahre 1866, Bd. 70 (1955), 71–91

Möllers, Paul, Das »Essener Volksblatt« als Organ des Deutschen Vereins im Kulturkampf 1875–1876, Bd. 70 (1955), 93–106

Wissig, Heinz, Studien zum Phänomen des Essener Stils (Der Essener Opern- und Schauspielstil von 1927 bis 1940), Bd. 70 (1955), 107–118

Spaeth, Hans, Das Münzwesen der Reichsabtei Werden unter Abt Hugo Preutaeus, Bd. 70 (1955), 119–132

Buchbesprechungen:

Mews, Karl, 100 Jahre Huyssens-Stiftung. Evangelisches Krankenhaus Essen 1854–1954, Essen, 1954; hierin: Mews, Karl, Historischer Rückblick; Bernsau, Helmut, Erinnerungen aus 35jähriger Arbeit an der Huyssens-Stiftung; Scheele, Karl, 100 Jahre Chirurgie in der Huyssens-Stiftung; Müller, Seelsorge in der Huyssens-Stiftung, Bd. 70 (1955), 133

Braubach, Max, Landesgeschichtliche Bestrebungen und historische Vereine im Rheinland, Düsseldorf, 1954, Bd. 70 (1955), 133–134

Feldens, Franz, Alt-Essener Bilderbuch, Essen, 1954, Bd. 70 (1955), 134

Midunsky, Max-Josef (Hrsg.), Aus Hertens Vergangenheit, (Beiträge zur Geschichte und Heimatkunde, Heft 1), Münster, 1955, Bd. 70 (1955), 134

Ried-Eitzen, Das Bauernhaus im Niederbergisch-Westfälischen Grenzgebiet, Wuppertal-Elberfeld, 1955, Bd. 70 (1955), 134–135

Bd. 71 (1956) Mews, Karl, Haßlinghauser Hütte-Neuschottland-Dortmunder Union-Eisenwerk Steele. Ein Jahrhundert Werksgeschichte 1856–1956. Mit Abb., Bd. 71 (1956), 3–57

Spethmann, Hans, Der Essen-Werdensche Bergbau beim Übergang auf Preußen im Jahre 1802, Bd. 71 (1956), 59–115

Däbritz, Walther, Die Anfänge des Essener Buchdruckes, Bd. 71 (1956), 117–131

Loo, Leo van de, Wie wurde die Abtei Asnide (Essen) widukindisches und danach liudolfingisch-ottonisches Familienkloster? (Ein Beitrag zur Reihenfolge und Geschichte der ältesten Essener Äbtissinnen), Bd. 71 (1956), 133–141

Buchbesprechungen:

Zimmermann, Walther, Das Münster zu Essen, Essen, Fredebeul & Koenen, 1956, Bd. 71 (1956), 142–143

Werdendes Abendland an Rhein und Ruhr, Katalog, Essen, Tellus, 1956, Bd. 71 (1956), 143

Heyn, Erich, Zerstörung und Aufbau der Großstadt Essen, Bonn, 1955, Bd. 71 (1956), 143–144

Arbeitsgemeinschaft für rheinische Musikgeschichte (Hrsg.), Beiträge zur Musikgeschichte der Stadt Essen, Köln, Krefeld, Staufen, 1955, Bd. 71 (1956), 144

Meyer, Heinz, Die Persönlichkeit und die Bedeutung des Essener Arztes Georg Florentin Heinrich Brüning, Dissertation Universität Köln, 1955, Bd. 71 (1956), 144

Spethmann, Hans, Franz Haniel. Sein Leben und sein Wirken, Duisburg-Ruhrort, 1956, Bd. 71 (1956), 145

Loo, Leo van de, Alfred Honnête. 75 Jahre, 1881–1956, Essen, 1956, Bd. 71 (1956), 145

Bericht über die Tätigkeit des Historischen Vereins 1953–1956, Bd. 71 (1956), 146–148

Bd. 72 (1957) Loo, Leo van de, Register zu Heft 1–70. Bd. 72 (1957), 1–118

I. Chronologisches Verzeichnis der Essener Beiträge, Bände 1–70, Jahrgänge 1880–1955, mit ihren Mitarbeitern und den von diesen veröffentlichten Arbeiten; Buchbesprechungen, Bd. 72 (1957), 9–39

II. Nach ihren Verfassern geordnetes alphabetisches Verzeichnis der in den »Essener Beiträgen«, Bände 1–70, Jahrgänge 1880–1955, veröffentlichten Arbeiten, Bd. 72 (1957), 41–51

III. Verzeichnis der besprochenen Bücher, Bd. 72 (1957), 53–69

A) Alphabetisch nach Verfassern geordnet, Bd. 72 (1957), 53–59

B) Alphabetisch nach Inhalt und Sachgebieten geordnet, Bd. 72 (1957), 60–69

IV. Verzeichnis der Bilder, Karten, Pläne, genealogischen Tafeln und Übersichten (chronologisch nach der Nummer der Beiträge geordnet), Bd. 72 (1957), 71–75

V. Nachrufe besonders verdienter Vereinsmitglieder und Mitarbeiter, Bd. 72 (1957), 76

VI. Personen-, Orts- und Sachregister, Bd. 72 (1957), 77–118

Bd. 73 (1958) Lebenslauf von Oberbürgermeister Dr. jur. Dr. med. h.c. Dr. Hans Luther, Bd. 73 (1958), 4

Luther, Hans, Zusammenbruch und Jahre nach dem ersten Krieg in Essen. Erinnerungen des Oberbürgermeisters, Bd. 73 (1958), 5–138

Bd. 74 (1958) Mews, Karl, Vier Jahrhunderte Essener Apothekenwesens, Bd. 74 (1958), 3–67

Meyer, Heinz, Die Persönlichkeit und die Bedeutung des Essener Arztes Georg Florenz Heinrich Brüning, Bd. 74 (1958), 69–109

Vogeler, Wilfried, Die Vorfahren und Nachkommen des Dr. Georg Florenz Heinrich Brüning. Mit Abb., Bd. 74 (1958), 111–149

Buchbesprechungen (Essendische Nachrichten 2):

Treue, W. (Hrsg.), Tradition. Zeitschrift für Firmengeschichte und Unternehmerbiographie, Bd. 74 (1958), 150

50 Jahre Rheinisch-Westfälisches Wirtschaftsarchiv 1907–1957, Köln, 1957, Bd. 74 (1958), 151

Schröder, Ernst, Die Konsumanstalt Friedr. Krupp. 1858–1958, Essen, 1958, Bd. 74 (1958), 151

Classen, Harold, Die Entwicklungsstufen der öffentlichen Gaswirtschaft im Raum Essen. Dissertation, Köln, 1958, Bd. 74 (1958), 151–152

Klass, Gert von, Albert Vögler. Einer der Großen des Ruhrreviers, Tübingen, 1957, Bd. 74 (1958), 152–153

Schimmel, Wilhelm, 100 Jahre Fernmeldeamt Essen. 1857–1957, Essen, 1957, Bd. 74 (1958), 153

Schmitz, Hubert, Die Bewirtschaftung der Nahrungsmittel und Verbrauchsgüter 1939–1950. Dargestellt an dem Beispiel der Stadt Essen, Essen, 1956, Bd. 74 (1958), 153–154

Perst, Otto, Die Kaisertochter Sophie. Äbtissin von Gandersheim und Essen (975–1039), (Braunschweigisches Jahrbuch, Bd. 38), 1957, Bd. 74 (1958), 154

Feldens, Franz, Bilder aus dem alten Essen, Essen, 1957, Bd. 74 (1958), 154

Zippelius, A., Das Bauernhaus am unteren deutschen Niederrhein, Wuppertal-Elberfeld, 1957, Bd. 74 (1958), 155

Bericht über die Tätigkeit des Historischen Vereins 1956–1958, Bd. 74 (1958), 156–159

Bd. 75 (1959) Vorwort mit Lebenslauf von Paul Brandi, Bd. 75 (1959), 3–4

Brandi, Paul, Essener Arbeitsjahre. Erinnerungen des Ersten Beigeordneten Paul Brandi. Abriß aus einer 1944 für die eigene Familie verfaßten Schrift »44 Jahre im Industriebezirk«, Bd. 75 (1959), 5–110

Bd. 76 (1960) Weigel, Helmut, Studien zur Verfassung und Verwaltung des Grundbesitzes des Frauenstiftes Essen (852–1803). Eine vergleichende sozial- und wirtschaftsgeschichtliche Untersuchung zum Problem der Grundherrschaft. Mit Karten, Bd. 76 (1960), 5–312

Bd. 77 (1961) Mews, Karl, Dr. Franz Wilhelm Flashoff. Fürstlicher Hofapotheker und Preußischer Kommissionsrat. Essen 1771–1837. Mit Abb., Bd. 77 (1961), 3–43

Vogeler, Wilfried, Die Essener Vorfahren Alfred Krupps. Ein Beitrag zur Geschichte der alten Essener Bürgerfamilien. Mit Abb., Bd. 77 (1961), 45–66

Buchbesprechungen (Essendische Nachrichten):
Die Kirchen zu Werden, (Die Kunstdenkmäler des Rheinlands, Beiheft 7), Essen, Fredebeul & Koenen, 1959, Bd. 77 (1961), 67–68

Borger, Hugo; Börsting, Heinrich; Elbern, Victor H., St. Liudger. Gedenkschrift zum 1150. Todestage des Heiligen, Essen-Werden, 1959, Bd. 77 (1961), 68

Kettering, Heinz, Quellen und Studien zur Essener Musikgeschichte des Hohen Mittelalters, Essen, W. Th. Webels, 1960, Bd. 77 (1961), 68–69

Schunder, Friedrich, Tradition und Fortschritt. 100 Jahre Gemeinschaftsarbeit im Ruhrbergbau, Stuttgart, Kohlhammer, 1959, Bd. 77 (1961), 69

Adelmann, Gerhard, Ruhrindustrie unter besonderer Berücksichtigung des Industrie- und Handelskammerbezirks Essen, Bonn, Hanstein, 1960, Bd. 77 (1961), 70

Amt für Statistik und Wahlen der Stadt Essen (Hrsg.), Handbuch der Essener Statistik, Essen, 1960, Bd. 77 (1961), 70–71

Weigel, Helmut, Gewalt Karnap. Das Problem der ritterlichen Grundherrschaft in Nordwestdeutschland, (Rheinische Vierteljahrs-Blätter, Jg. 19, Heft 3/4), 1954, Bd. 77 (1961), 71

Wittkamp, August, 1100 Jahre Huckarde, Dortmund, 1960, Bd. 77 (1961), 71–72

Wilmowsky, Tilo Freiherr von, Rückblickend möchte ich sagen ... An der Schwelle des 150jährigen Krupp-Jubiläums, Oldenburg, Hamburg, G. Stalling, 1961, 72–73

Bericht über die Tätigkeit des Historischen Vereins 1959–1961, Bd. 77 (1961), 74–76

Bd. 78 (1962)   Mews, Karl, Die Essener Marktkirche. Ein Gedenkwort zur 400-Jahr-Feier der Reformation in Essen 1963. Mit Abb., Bd. 78 (1962), 5–17

Rosenkranz, Albert, Heinrich Barenbroch, Bd. 78 (1962), 18–69

Schröter, Hermann, Die Geburtsbriefe des Essener Stadtarchivs, Bd. 78 (1962), 70–99

Bd. 79 (1963)   Mews, Karl, Dr. Th. Reismann-Grone. Gedenkworte zum 100jährigen Geburtstag Reismann-Grones († 1949) am 30. September 1963, Bd. 79 (1963), 5–32

Jacquart, Joseph, Der Essener Bürgermeister Jonas von Basserodt (1602–1633). Seine Heimat, seine Familie, sein Werk, Bd. 79 (1963), 33–50

Sellmann, Wilhelm, Der Tauschverkehr des Historischen Vereins für Stadt und Stift Essen (Stand vom 1. Oktober 1963), Bd. 79 (1963), 51–71

Mitgliederverzeichnis des Historischen Vereins. Stand vom 15. Oktober 1963, Bd. 79 (1963), 73–80

Bd. 80 (1964)   Schröder, Ernst, Otto Wiedfeldt. Eine Biographie. Mit Bild, Bd. 80 (1964), 3–200

Bd. 81 (1965)   Maßner, Hanns-Joachim, Eine Werdener Bürgerliste des 17. Jahrhunderts (Stadtarchiv Essen, Bestand Werden IV 2,1, Kriegskontributionen 1616), Bd. 81 (1965), 7–34

Höfken, Günther, Wo lag der Essener Oberhof Maggeren der Limburger Rolle?, Bd. 81 (1965), 35–42

Schröder, Inge, Haarzopf. Mit Abb., Bd. 81 (1965), 43–125

Eger, Anni, Urkunden des Pfarrarchivs St. Nikolaus in Essen-Stoppenberg, Bd. 81 (1965), 127–169

Klinkhammer, Karl Joseph, Ein Ablaßbrief für die Essener Münsterkirche aus dem Jahre 1319, Bd. 81 (1965), 171–196

Schröter, Hermann, Das Bürgerbuch der Stadt Essen, Bd. 81 (1965), 197–304

Bd. 82 (1966) Müller, Helmut, Essener Geschichtsschreibung und Forscher früherer Jahrhunderte. Neue Forschungsergebnisse, Bd. 82 (1966), 3–99

I. Kunst- und Baugeschichtliches aus der Essener Chronik des Jodokus Hermann Nünning, Bd. 82 (1966), 5–43

Wilhelm Halffmann: Elenchus reliquiarum basilicae Essendiensis, Bd. 82 (1966), 44–46

Aus dem Briefwechsel Nünning-Ortmann, Bd. 82 (1966), 46–51

Adolf Jeger: Designatio ornamentorum ecclesiae d. Gertrudis, Bd. 82 (1966), 52

II. Essener Geschichtsschreibung im 16. Jahrhundert, Bd. 82 (1966), 53–99

Wirich Hiltrop, Historia Essendiensis, Text, Bd. 82 (1966), 65–81

Wirich Hiltrop, Historia Essendiensis, Übersetzung, Bd. 82 (1966), 82–99

Bericht über die Tätigkeit des Historischen Vereins 1962–1966, Bd. 82 (1966), 100–103

Bd. 83 (1968) Gaul, Heinrich, Aus der Geschichte von Stadt und Stift Essen. Ein Vortrag, Bd. 83 (1968), 7–27

Janssen, Walter, Die germanische Siedlung von Essen-Hinsel. Vorbericht über die Grabung 1966. Mit Abb. und Ktn., Bd. 83 (1968), 29–53

Herzog, Bodo, Eberhard Pfandhöfer. Zu seinem 225. Geburtstag am 15. September 1968, Bd. 83 (1968), 55–80

Müller, Helmut, Die Gasbeleuchtungsanlage Dinnendahls und Flashoffs, Bd. 83 (1968), 81–86

Mews, Karl, Epilog zum Sterben von Bergbau- und Stahlunternehmen im Essener Raum, Bd. 83 (1968), 87–101

Schröter, Hermann, Hans Theodor Hoederath. Ein Nachruf, Bd. 83 (1968), 103–110

Schröder, Ernst, Zur Erinnerung an Friedrich Meisenburg, Bd. 83 (1968), 111–127

hierin: Verzeichnis der Veröffentlichungen von Friedrich Meisenburg, Bd. 83 (1968), 125–127

Buchbesprechungen:

Köllmann, Wolfgang, Rheinland und Westfalen an der Schwelle des Industriezeitalters. In: Wirtschaft und Geschichte. 25 Jahre Westfälisches Wirtschaftsarchiv Dortmund. Jubiläumsfeier am 1. Dezember 1966, S. 11–38 (Gertrud Milkereit), Bd. 83 (1968), 129–130

Volks- und Betriebswirtschaftliche Vereinigung im Rheinisch-Westfälischen Industriegebiet u. a. (Hrsg.), Rheinisch-Westfälische Wirtschaftsbiographien, Bd. 9, Münster, Aschendorff, 1967, Bd. 83 (1968), 131

Rheinisch-Westfälisches Wirtschaftsarchiv zu Köln (Hrsg.), Beiträge zur Geschichte der Moselkanalisierung, Köln, 1967 (Bodo Herzog), Bd. 83 (1968), 131–133

Herzog, Bodo, Paul Reusch und das Deutsche Museum in München. Zum 100. Geburtstag von Paul Reusch, München, Oldenbourg, Düsseldorf, VDI-Verlag, 1967, Bd. 83 (1968), 133–134

Bericht über die Tätigkeit des Historischen Vereins im Jahre 1967, Bd. 83 (1968), 135–138

Bd. 84 (1969) Müller, Helmut, Die Reformation in Essen, Bd. 84 (1969), 3–202
Buchbesprechungen:

Gerschler, Walter, Das preußische Oberpräsidium der Provinz Jülich-Kleve-Berg in Köln 1816–1822, Köln, Grote, 1967 (Ernst Schröder), Bd. 84 (1969), 203–204

Dickhoff, Erwin, Essen. Familien, Bürger und Personen im Spiegel Essener Straßennamen, Essen, 1968 (Ernst Schröder), Bd. 84 (1969), 205–206

Feldens, Franz, 75 Jahre Städtische Bühnen Essen. Geschichte des Essener Theaters 1892–1967, Essen, Rheinisch-Westfälische Verlagsgesellschaft, 1967, Bd. 84 (1969), 206–207

Adelmann, Gerhard, Quellensammlung zur Geschichte der sozialen Betriebsverfassung. Ruhrindustrie unter besonderer Berücksichtigung des Industrie- und Handelskammerbezirks Essen. Registerband bearb. von Gertrud Adelmann, Bonn, Hanstein, 1968, Bd. 84 (1969), 207

Goldbeck, Gustav, Technik als geistige Bewegung in den Anfängen des deutschen Industriestaates, Düsseldorf, VDI-Verlag, 1968 (Ulrich Troitzsch), Bd. 84 (1969), 207–208

Most, Otto, Drei Jahrzehnte an Niederrhein, Ruhr und Spree, Duisburg, W. Braun, 1969 (Ernst Schröder), Bd. 84 (1969), 208–210

Bericht über die Tätigkeit des Historischen Vereins im Jahre 1968, Bd. 84 (1969), 211–212

Bd. 85 (1970) Schumacher, Erich, Ein germanischer Eisenverhüttungsplatz in Essen-Überruhr. Mit Abb., Bd. 85 (1970), 5–12

Kahsnitz, Rainer, Die Essener Äbtissin Svanhild und ihr Evangeliar in Manchester. Mit Abb., Bd. 85 (1970), 13–80

Gatz, Erwin, Die letzten Beginen im deutschen Westen, Bd. 85 (1970), 81–98

Schennen, Albrecht, Zur Frühgeschichte der Essener Krankenhäuser im 19. Jahrhundert, Bd. 85 (1970), 99–166

Maßner, Hanns-Joachim, Die Adolphistiftung (Waisenhausstiftung) der evangelischen Kirchengemeinde Essen-Altstadt, Bd. 85 (1970), 167–200

Schröder, Inge, Die älteste Volksschule in Essen. Ein Vortrag, Bd. 85 (1970), 201–220

Mews, Karl, Heinrich Arnold Huyssen (4.7.1779–6.10.1870). Mit Bild, Bd. 85 (1970), 221–236

Buchbesprechungen:

Engel, Gustav, Politische Geschichte Westfalens, Köln, G. Grote, 1968 (Hans Tümmler), Bd. 85 (1970), 237–238

Schilfgaarde, A. P. van, Zegels en genealogische gegevens van de graven en hertogen van Gelre, graven van Zutphen, Arnhem, S. Gouda Quint-D. Brouwer en zoon, 1967 (Wilfried Vogeler), Bd. 85 (1970), 238–239

Roden, Günter von, Die Universität Duisburg. Mit einem Beitrag von Hubert Jedin: Der Plan einer Universitätsgründung in Duisburg, Duisburg, W. Braun, 1968 (Lutz Hatzfeld), Bd. 85 (1970), 240–242

Bloth, Hugo Gotthardt, Johann Julius Hecker (1707–1768). Seine »Universalschule« und seine Stellung zum Pietismus und zum Absolutismus, Dortmund, W. Crüwell, 1968 (Hanns-Joachim Maßner), Bd. 85 (1970), 242–243

Schumacher, Martin, Auslandsreisen deutscher Unternehmer 1750–1851 unter besonderer Berücksichtigung von Rheinland und Westfalen, Köln, 1968 (Ernst Schröder), Bd. 85 (1970), 242–243

Schoeps, Hans-Joachim (Hrsg.), Neue Quellen zur Geschichte Preußens im 19. Jahrhundert, Berlin, Haude und Spener, 1968 (Ernst Schröder), Bd. 85 (1970), 243–245

Eichenberg, Klaus, Stadtbaumeister Heinrich Johann Freyse, Mönchengladbach, Kühlen, 1970 (Hermann Schröter), Bd. 85 (1970), 245

Heinemann, Otto, Kronenorden vierter Klasse. Das Leben des Prokuristen Heinemann (1864–1944). Hrsg. u. mit einem Vorwort versehen von Walter Henkels, Düsseldorf, Econ, 1969 (Ernst Schröder), Bd. 85 (1970), 246–247

Kromberg, Hermann Emil, Politische Strömungen und Wahlen im Stadt- und Landkreis Essen von der Novemberrevolution 1918 bis zur Reichstagswahl vom Dezember 1924, Phil. Diss. Bonn, 1968 (Ernst Schröder), Bd. 85 (1970), 247–249

Bericht über die Tätigkeit des Historischen Vereins im Jahre 1969, Bd. 85 (1970), 251–252

Bd. 86 (1971) Brand, Jürgen, Geschichte der ehemaligen Stifter Essen und Werden während der Übergangszeit von 1806–1813 unter besonderer Berücksichtigung der großherzoglich-bergischen Justiz und Verwaltung, Bd. 86 (1971), 5–155

Schröder, Ernst (Hrsg.), Otto Wiedfeldt als Politiker und Botschafter der Weimarer Republik. Eine Dokumentation zu Wiedfeldts 100. Geburtstag am 16. August 1971, Bd. 86 (1971), 157–238

Buchbesprechungen:

Handbuch der historischen Stätten Deutschlands, Bd. 3: Nordrhein-Westfalen, Stuttgart, A. Kröner, 2. neubearb. Aufl. 1970 (Gerhard Bechthold), Bd. 86 (1971), 239–240

Schulte, Eduard, Hansestädte des Ruhrreviers in Bildern und Beschreibungen, Bochum, Laupenmühlen & Dierichs, 1965 (Gerhard Bechthold), Bd. 86 (1971), 240–241

Schulte, Eduard, Carl Humann, der Entdecker des Weltwunders von Pergamon, Dortmund, Ardey, 1971 (Erich Schumacher), Bd. 86 (1971), 241–243

Kellenbenz, Hermann (Hrsg.), Kölner Vorträge zur Sozial- und Wirtschaftsgeschichte. Schriftleitung Klara van Eyll, Heft 1–12, Köln, Selbstverlag des Forschungsinstituts für Sozial- und Wirtschaftsgeschichte an der Universität, 1969–1970 (Ernst Schröder), Bd. 86 (1971), 243–244

Büsch, Otto, Industrialisierung und Geschichtswissenschaft. Ein Beitrag zur Thematik und Methodologie der historischen Industrialisierungsforschung, Berlin, Colloquium, 1969 (Hedwig Behrens), Bd. 86 (1971), 244

Feldens, Franz, Das alte Huttrop, Essen, Rheinisch-Westfälische Verlagsgesellschaft, 1970 (Erwin Dickhoff), Bd. 86 (1971), 244–245

Radzio, Heiner, Leben können an der Ruhr. 50 Jahre Kleinkrieg für das Revier, Düsseldorf, Econ, 1970 (Erich Wallmichrath), Bd. 86 (1971), 245–247

Hampe, Karl, 1869–1936. Selbstdarstellung. Mit einem Nachwort hrsg. von Hermann Diener, Heidelberg, C. Winter, 1969 (Ernst Schröder), Bd. 86 (1971), 247–248

Brüning, Heinrich, Memoiren 1918–1934, Stuttgart, Deutsche Verlags-Anstalt, 1970 (Ernst Schröder), Bd. 86 (1971), 248

Eyll, Klara van, Voraussetzungen und Entwicklungslinien von Wirtschaftsarchiven bis zum zweiten Weltkrieg, Köln, Selbstverlag des Rheinisch-Westfälischen Wirtschaftsarchivs, 1969 (Gertrud Milkereit), Bd. 86 (1971), 249–250

Bericht über die Tätigkeit des Historischen Vereins im Jahre 1970, Bd. 86 (1971), 251–252

| **Bd. 87 (1972)** | Brandt, Hans-Jürgen, Das Herrenkapitel am Damenstift Essen in seiner persönlichen Zusammensetzung und seinen Beziehungen zur Seelsorge (1292–1412), Bd. 87 (1972), 5–144 |

Brandt, Hans-Jürgen, Das Herrenkapitel am Damenstift Essen in seiner persönlichen Zusammensetzung und seinen Beziehungen zur Seelsorge (1292–1412), Bd. 87 (1972), 5–144

Müller, Helmut, Der Urkundenbestand des Archivs Achtermberg im Gesamtarchiv von Wendt (Crassenstein). Mit Siegelabbildungen, Bd. 87 (1972), 145–286

Peres, Wolfgang Eduard, Die Familie Peres in Essen von 1625–1850, Bd. 87 (1972), 287–332

Buchbesprechungen:

Haberey, Waldemar, Die römischen Wasserleitungen nach Köln. Die Technik der Wasserversorgung einer antiken Stadt, Düsseldorf, Rheinland-Verlag, 1971 (Erich Schumacher), Bd. 87 (1972), 333

Mülhaupt, Erwin, Rheinische Kirchengeschichte. Von den Anfängen bis 1945, Düsseldorf, 1970 (Ernst Schröder), Bd. 87 (1972), 334–335

Roden, Günter von, Geschichte der Stadt Duisburg, Bd. 1: Das alte Duisburg von den Anfängen bis 1905, Duisburg, W. Braun, 1970 (Hanns-Joachim Maßner), Bd. 87 (1972), 335–336

Poll, Bernhard (Hrsg.), Rheinische Lebensbilder, Bd. 4, Düsseldorf, Rheinland-Verlag, 1970 (Ernst Schröder), Bd. 87 (1972), 336–338

Dickhoff, Erwin, Essen. Hof- und Flurnamen im Spiegel Essener Straßennamen, Essen, 1971 (Erich Wallmichrath), Bd. 87 (1972), 338–339

Behrens, Hedwig, Mechanikus Franz Dinnendahl (1775 bis 1826), Erbauer der ersten Dampfmaschinen an der Ruhr. Leben und Wirken aus zeitgenössischen Quellen, Köln, Selbstverlag des Rheinisch-Westfälischen Wirtschaftsarchivs, 1970, Bd. 87 (1972), 339–341

Koch, Horst Günther, Bevor die Lichter erloschen. Der Kampf um das Erz. Von Bergleuten und Gruben, vom Glanz und Elend des Bergbaus zwischen Sieg und Wied. Siegen, Eigenverlag H.G. Koch, 1971 (Ernst Schröder), Bd. 87 (1972), 341–342

Bart, Jan [d. i. Otto Bartels], Kettwig wie es wuchs und wurde. 1200 Jahre seiner Geschichte, Kettwig, 1971 (Hermann Schröter), Bd. 87 (1972), 342–343

Hermanns, Heinz, Die Handelskammer für den Kreis Mülheim am Rhein (1871–1914) und die Wirtschaft des Köln-Mülheimer Raumes, Köln, Selbstverlag des Rheinisch-Westfälischen Wirtschaftsarchivs, 1969 (Hans Vollmerhaus), Bd. 87 (1972), 343–344

Gause, Fritz, Essen und seine ostvertriebenen Mitbürger, Essen, 1971 (Herbert Kirrinnis), Bd. 87 (1972), 344–345

Bericht über die Tätigkeit des Historischen Vereins im Jahre 1971, Bd. 87 (1972), 347–348

Bd. 88 (1973) Forstmann, Gustav, Eine Kindheit in Werden. Erinnerungen aus meiner Jugend, hrsg. von Hanns-Joachim Maßner. Mit Bild, Bd. 88 (1973), 5–58

Holzborn, Rainer Michael, Zur Geschichte der psychiatrischen Anstalten in Essen, Bd. 88 (1973), 59–140

Buchbesprechungen:

Cohausz, Alfred, Die Aufnahme des Bischofs Alfred von Hildesheim in den amtlichen Heiligenkalender des Bistums Essen (Confirmatio cultus). Sonderdruck aus Westfalen, Bd. 48, Münster, Aschendorff, 1970, S. 56–78 (Joseph Weier), Bd. 88 (1973), 141–142

Wesenberg, Rudolf, Frühe mittelalterliche Bildwerke. Die Schulen rheinischer Skulptur und ihre Ausstrahlung, Düsseldorf, L. Schwann, 1972 (Rainer Kahsnitz), Bd. 88 (1973), 142–146

Ennen, Edith, Die europäische Stadt des Mittelalters, Göttingen, Vandenhoeck & Ruprecht, 1972 (Joseph Milz), Bd. 88 (1973), 146–147

Zorn, Wolfgang, Einführung in die Wirtschafts- und Sozialgeschichte des Mittelalters und der Neuzeit. Probleme und Methoden, München, C.H. Beck, 1972 (Lutz Hatzfeld), Bd. 88 (1973), 148

Rheinische Presbyterial- und Synodal-Protokolle. Ein Sammelbericht (Hanns-Joachim Maßner), Bd. 88 (1973), 148–153

Dege, Wilhelm, Das Ruhrgebiet (a. d. Dänischen übersetzt und erweitert von W. Dege), Braunschweig, F. Vieweg u. Sohn, 1972 (Gerhard Bechthold), Bd. 88 (1973), 153–154

Frielinghaus, Volker; Jaeschke, Helmut u. Gerda; Kremer, Kurt Peter, Neue Kunst im alten Bauernhof. Geschichte und Funktionswandel eines historischen Hauses in Querenburg, Bochum, Laupenmühlen & Dierichs, 1972 (Gerhard Bechthold), Bd. 88 (1973), 154–155

Dyckmans, Paul, Familie Dinnendahl in Niederwenigern und Kleve, Kleve, Selbstverlag, 1972 (Wilfried Vogeler), Bd. 88 (1973), 155–156

Borowsky, Peter, Deutsche Ukrainepolitik 1918 unter besonderer Berücksichtigung der Wirtschaftsfragen, Lübeck, Matthiesen, 1970 (Ernst Schröder), Bd. 88 (1973), 156–162

Born, Heinz (Hrsg.), Wuppertaler Biographien, 9. u. 10. Folge. Wuppertal, Born, 1970 u. 1971 (Ernst Schröder), Bd. 88 (1973), 162–164

Morsey, Rudolf, Brüning und Adenauer. Zwei deutsche Staatsmänner, Düsseldorf, Droste, 1972 (Ernst Schröder), Bd. 88 (1973), 164–165

Koch, Diether, Heinemann und die Deutschlandfrage, München, Chr. Kaiser, 1972 (Ernst Schröder), Bd. 88 (1973), 165–167

Bericht über die Tätigkeit des Historischen Vereins im Jahre 1972, Bd. 88 (1973), 169–171

Bd. 89 (1974)   Schröder, Ernst, Karl Mews (15.12.1884–29.7.1973). Ein Lebensbild, Bd. 89 (1974), 5–33

Schröder, Johannes, Die Entflechtung der Firma Krupp nach dem zweiten Weltkrieg. Persönliche Erinnerungen, Bd. 89 (1974), 35–52

Maßner, Hanns-Joachim, Gemeindediakonie in Werden gestern und heute. Festvortrag, gehalten bei der Einweihung des Evangelischen Krankenhauses in Essen-Werden am Mittwoch, dem 14. November 1973. Mit Abb., Bd. 89 (1974), 53–67

Budde-Irmer, Ursula, Sterbeeintragungen in alten Akten des Essener Stadtarchivs, Bd. 89 (1974), 69–98

Dickhoff, Erwin, Peter Joseph Heyden. Der Lebensweg eines Essener Kreisgeometers, Rendanten und Kommunalpolitikers. Mit Abb., Bd. 89 (1974), 99–125

Kirrinnis, Herbert, Zur Erinnerung an Fritz Gause, Bd. 89 (1974), 127–133

Buchbesprechungen:

Vollmerhaus, Hans (Bearb.), Reisebericht eines westfälischen Glasindustriellen. Die Briefe Theodor Müllensiefens von seinen Auslandsreisen in den Jahren 1823–25 und 1828–29, Dortmund, Ardey, 1971 (Ulrich Troitzsch), Bd. 89 (1974), 135

Holtfrerich, Carl-Ludwig, Quantitative Wirtschaftsgeschichte des Ruhrkohlenbergbaus im 19. Jahrhundert. Eine Führungssektoranalyse, Dortmund, Selbstverlag der Gesellschaft für Westfälische Wirtschaftsgeschichte e. V., 1973 (Gerd Hardach), Bd. 89 (1974), 135–138

Kellenbenz, Hermann; Eyll, Klara van, Die Geschichte der unternehmerischen Selbstverwaltung in Köln 1797–1914, Köln, Selbstverlag des Rheinisch-Westfälischen Wirtschaftsarchivs, 1972 (Ottfried Dascher), Bd. 89 (1974), 138–139

Zimmermann, Ludwig, Frankreichs Ruhrpolitik von Versailles bis zum Dawesplan, hrsg. von Walther Peter Fuchs, Göttingen, Musterschmidt, 1971 (Ernst Schröder), Bd. 89 (1974), 139–141

Kulturamt der Stadt Essen (Hrsg.), 75 Jahre Städtisches Orchester Essen 1899–1974. Redaktion: Franz Feldens, Essen, Brinck & Co., 1974 (Heinz Kettering), Bd. 89 (1974), 141–142

Tümmler, Hans, Essen – so wie es war, Düsseldorf, Droste, 1973 (Erwin Dickhoff), Bd. 89 (1974), 142–143

Vorwerk, Elli; Vogt, Paul u. a., Dr. Käthe Klein 1899–1970, Essen, 1972 (Ernst Schröder), Bd. 89 (1974), 144

Bart, Jan [d. i. Otto Bartels], Kettwig wie es wuchs und wurde. 1200 Jahre seiner Geschichte, Kettwig, ergänzte 2. Aufl. 1973 (Ernst Schröder), Bd. 89 (1974), 145

Historischer Verein für Dortmund und die Grafschaft Mark (Hrsg.), Beiträge zur Geschichte Dortmunds und der Grafschaft Mark, Bd. 68, Dortmund, 1973 (Hanns-Joachim Maßner), Bd. 89 (1974), 145–146

Koch, Werner, Heinemann im Dritten Reich. »Ein Christ lebt für morgen«, Wuppertal, Aussaat, 1972 (Hanns-Joachim Maßner), Bd. 89 (1974), 146–148

Parzany, Ulrich, Im Einsatz für Jesus. Programm und Praxis des Pfarrers Wilhelm Busch, Gladbeck, Schriftenmissionsverlag, 1973 (Hanns-Joachim Maßner), Bd. 89 (1974), 146–148

Bericht über die Tätigkeit des Historischen Vereins im Jahre 1973, Bd. 89 (1974), 149–151

Bd. 90 (1975) Budde-Irmer, Ursula, Brautläufe aus den Essener Stadtrechnungen, Bd. 90 (1975), 5–23

Schröder, Ernst, Um Zweigerts Nachfolge. Die Wahl Wilhelm Holles zum Essener Oberbürgermeister im Jahre 1906. Mit Abb., Bd. 90 (1975), 25–50

Löwe, Richard, Volkskirche im zweiten Weltkrieg. Die Essen-Wester Kirchenchronik 1939–1945. Hrsg. von Hanns-Joachim Maßner. Mit Abb., Bd. 90 (1975), 51–168

Buchbesprechungen:

Pothmann, Alfred (Hrsg.), Bischof Altfrid. Leben und Werk, Essen, Ludgerus-Verlag, 1974 (Karlotto Bogumil), Bd. 90 (1975), 169–170

Pothmann, Alfred, Altfrid. Bischof und Staatsmann. Mülheim, Hoppe & Werry, 1974 (Karlotto Bogumil), Bd. 90 (1975), 171

Küppers, Leonhard, Die Schatzkammer der Kathedralkirche in Essen (Der Münsterschatz), Bochum, F. Kamp, 1974 (Rainer Kahsnitz), Bd. 90 (1975), 171–172

Wirtschaft und Gesellschaft am Niederrhein. Dokumente aus 9 Jahrhunderten. Ausstellung des Hauptstaatsarchivs Düsseldorf, Düsseldorf, Selbstverlag, 1974 (Karlotto Bogumil), Bd. 90 (1975), 172–173

Klein, Adolf; Bockemühl, Justus (Hrsg.), 1770–1815. Weltgeschichte am Rhein erlebt. Erinnerungen des Rheinländers Christoph Wilhelm Henrich Sethe aus der Zeit des europäischen Umbruchs, Köln, Wienand, 1973 (Jürgen Brand), Bd. 90 (1975), 173–175

Büttner, Richard, Die Säkularisation der Kölner geistlichen Institutionen. Wirtschaftliche und soziale Bedeutung und Auswirkungen, Köln, Selbstverlag des Rheinisch-Westfälischen Wirtschaftsarchivs, 1971 (Hans Tümmler), Bd. 90 (1975), 175–177

Fehrenbach, Elisabeth, Der Kampf um die Einführung des Code Napoléon in den Rheinbundstaaten, Wiesbaden, Franz Steiner, 1973 (Hans Tümmler), Bd. 90 (1975), 177–178

Tümmler, Hans, Freiherr vom Stein und Carl August von Weimar, Köln, G. Grote, 1974 (Ernst Schröder), Bd. 90 (1975), 178–180

Behrens, Hedwig, Mechanikus Johann Dinnendahl (1780–1849), Erbauer von Dampfmaschinen, Gründer der Friedrich-Wilhelms-Hütte zu Mülheim an der Ruhr. Leben und Wirken aus zeitgenössischen Quellen, Neustadt a.d. Aisch, Ph. C. W. Schmidt, 1974 (Karlotto Bogumil), Bd. 90 (1975), 180–181

Volks- und Betriebswirtschaftliche Vereinigung im Rheinisch-Westfälischen Industriegebiet u. a. (Hrsg.), Rheinisch-Westfälische Wirtschaftsbiographien. Bd. 10, Münster, Aschendorff, 1974 (Ernst Schröder), Bd. 90 (1975), 181–183

Eliasberg, George, Der Ruhrkrieg von 1920. Mit einer Einführung von Richard Löwenthal, Bonn-Godesberg, Neue Gesellschaft, 1974 (Ernst Schröder), Bd. 90 (1975), 183–186

Behrendt, Paul; Leiermann, Emil, Schönes altes Werdener Land. Zusammengestellt von Jan Bart. Mit einer Plauderei über Friedrich den Großen und den Untergang der alten Reichsabtei Werden und Helmstedt, Essen, Woeste-Druck, 1974 (Hanns-Joachim Maßner), Bd. 90 (1975), 186–187

Bericht über die Tätigkeit des Historischen Vereins im Jahre 1974, Bd. 90 (1975), 188–190

Bd. 91 (1976) Drögereit, Richard, Wozu noch Geschichte und Tradition? Ein Vortrag, Bd. 91 (1976), 5–15

Dickhoff, Erwin, Johann Georg Stemmer. Landrat des Kreises Essen von 1813 bis 1823. Mit Abb. u. Anlagen, Bd. 91 (1976), 17–50

Schröder, Inge, Die Essener Volksschulen von 1850 bis zur Gegenwart. Ihre Namen, ihre Lage, ihre Grundstücke. Mit Kartenabb., Bd. 91 (1976), 51–152

Buchbesprechungen:

Bonczek, Willi (Hrsg.), Essen im Spiegel der Karten, Essen, R. Bacht, 1975 (Ernst Schröder), Bd. 91 (1976), 153–155

Klinkhammer, Karl Joseph, Adolf von Essen und seine Werke. Der Rosenkranz in der geschichtlichen Situation seiner Entstehung und in seinem bleibenden Anliegen. Eine Quellenforschung, Frankfurt a. M., Josef Knecht, 1972 (Joseph Weier), Bd. 91 (1976), 155–156

Bechthold, Gerhard, Das alte Essen. Grafische und malerische Darstellungen aus fünf Jahrhunderten, Frankfurt a. M., Weidlich, 1975 (Wilfried Vogeler), Bd. 91 (1976), 156–158

Oediger, Friedrich Wilhelm, Vom Leben am Niederrhein. Aufsätze aus dem Bereich des alten Erzbistums Köln, Düsseldorf, Schwann, 1973 (Notker Hammerstein), Bd. 91 (1976), 158–159

Wisplinghoff, Erich; Dahm, Helmut; Höroldt, Dietrich (u. a.), Geschichte des Landes Nordrhein-Westfalen, Würzburg, Ploetz, 1973 (Hanns-Joachim Maßner), Bd. 91 (1976), 159–160

Steitz, Walter, Die Entstehung der Köln-Mindener Eisenbahngesellschaft. Ein Beitrag zur Frühgeschichte der deutschen Eisenbahnen und des preußischen Aktienwesens, Köln, Selbstverlag des RWWA, 1974 (Karlotto Bogumil), Bd. 91 (1976), 160–161

Kleine Schriften der Essener evangelischen Kirchengemeinden aus den Jahren 1972–1975. Ein Sammelbericht (Hanns-Joachim Maßner), Bd. 91 (1976), 161–162

Hofmann, Wolfgang, Zwischen Rathaus und Reichskanzlei. Die Oberbürgermeister in der Kommunal- und Staatspolitik des Deutschen Reiches von 1890 bis 1933, Stuttgart, W. Kohlhammer, 1974 (Ernst Schröder), Bd. 91 (1976), 162–166

Stehkämper, Hugo (Hrsg.), Konrad Adenauer, Oberbürgermeister von Köln. Festgabe der Stadt Köln zum 100. Geburtstag ihres Ehrenbürgers am 5. Januar 1976, Köln, Rheinland-Verlag, 1976 (Ernst Schröder), Bd. 91 (1976), 167–168

Pothmann, Alfred (Hrsg.), Die Kirche des heiligen Liudger, Mülheim, Hoppe u. Werry, 1975 (Ernst Schröder), Bd. 91 (1976), 169–170

Bart, Jan; Behrendt, Paul; Wirtz, Paul, Geliebtes altes Werden und »Werdenensia«, Plaudereien über die abteiliche Zeit hinaus, Essen, Woeste-Druck, 1975 (Hanns-Joachim Maßner), Bd. 91 (1976), 170–171

Dege, Wilhelm, Das Ruhrgebiet, Kiel, F. Hirt, 2. Aufl. 1976 (Gerhard Bechthold), Bd. 91 (1976), 171–172

Gause, Fritz, Kant und Königsberg. Ein Buch der Erinnerung an Kants 250. Geburtstag am 22. April 1974, Leer, G. Rautenberg, 1974 (Herbert Kirrinnis), Bd. 91 (1976), 172–174

Bericht über die Tätigkeit des Historischen Vereins im Jahre 1975, Bd. 91 (1976), 175–176

Bd. 92 (1977) Schröder, Ernst, Die Entwicklung der Kruppschen Konsumanstalt. Ein Beitrag zur Essener Sozial- und Wirtschaftsgeschichte, Bd. 92 (1977), 5–96

Sellmann, Wilhelm, Robert Jahns Arbeiten zur Essener Geschichte. Eine Bibliographie zu Jahns 15. Todestag am 7. November 1977. Mit Bild, Bd. 92 (1977), 97–117

Buchbesprechungen:

Kellenbenz, Hermann; Eyll, Klara van (Hrsg.), Zwei Jahrtausende Kölner Wirtschaft, Bd. 1 u. 2, Köln, Greven, 1975 (Karlotto Bogumil), Bd. 92 (1977), 118–120

Petri, Franz; Droege, Georg (Hrsg.), Rheinische Geschichte in drei Bänden, Bd. 2: Neuzeit, Düsseldorf, Schwann, 2. Aufl. 1976 (Ernst Schröder), Bd. 92 (1977), 120–124

Hardach, Karl, Wirtschaftsgeschichte Deutschlands im 20. Jahrhundert, Göttingen, Vandenhoek u. Ruprecht, 1976 (Ernst Schröder), Bd. 92 (1977), 124–125

Kühr, Herbert, Parteien und Wahlen im Stadt- und Landkreis Essen in der Zeit der Weimarer Republik. Unter besonderer Berücksichtigung des Verhältnisses von Sozialstruktur und politischen Wahlen, Düsseldorf, Droste, 1973 (Ernst Schröder), Bd. 92 (1977), 125–127

Menges, Dietrich Wilhelm von, Unternehmensentscheide. Ein Leben für die Wirtschaft, Düsseldorf, Econ, 1976, Bd. 92 (1977), 127–128

Küppers, Leonhard, Essen, Dom und Domschatz. Aufnahmen von Peter Happel, Königstein i. T., Langewiesche, 1975 (Hans Tümmler), Bd. 92 (1977), 128–129

Aders, Günter (u. a.), Die Grafen van Limburg Stirum. Einleitung und abschließender Band der Geschichte der Grafen van Limburg Stirum und ihrer direkten Vorfahren, T. 1/Bd. I, Amsterdam, van Gorcum, Münster, Aschendorff, 1976 (Kurt Ortmanns), Bd. 92 (1977), 129–130

Steinbicker, Clemens (Bearb.), Deutsches Geschlechter-Buch, Bd. 173 (Westfälisches Geschlechter-Buch, 4. Bd.), Limburg a. d. Lahn, C.A. Starke, 1976 (Wilfried Vogeler), Bd. 92 (1977), 130–132

Spörhase, Rolf; Wulff, Dietrich u. Ingeborg, Ruhrgebiet 1840–1930–1970, Stuttgart, Kohlhammer, 1976 (Gerhard Bechthold), Bd. 92 (1977), 132–133

Bericht über die Tätigkeit des Historischen Vereins im Jahre 1976, Bd. 92 (1977), 134–136

Bd. 93 (1978) Petry, Manfred, Zur Goldenen Bulle Kaiser Karls IV. für das Stift Essen, Bd. 93 (1978), 7–19

Höroldt, Dietrich (Bearb.), Urkundenbuch der lutherischen Gemeinde Königssteele 1517–1816, Bd. 93 (1978), 21–49

Maßner, Hanns-Joachim, Losscheine und Kirchenzeugnisse des 19. Jahrhunderts aus der evangelischen Kirchengemeinde Essen-Rellinghausen, Bd. 93 (1978), 51–125

Fest, Gabriele, Die Entwicklung der Tuch-Manufaktur im Raume Werden-Kettwig während des 18. und 19. Jahrhunderts, Bd. 93 (1978), 127–214

Schröder, Ernst, Neue Beiträge zur Biographie Erich Zweigerts, Bd. 93 (1978), 215–227

Buchbesprechungen:

Gründer, Horst, Walter Simons als Staatsmann, Jurist und Kirchenpolitiker, Neustadt a. d. Aisch, Ph. C. W. Schmidt, 1975 (Ernst Schröder), Bd. 93 (1978), 229–232

Petzina, Dietmar, Krisen gestern und heute – Die Rezession von 1974/75 und die Erfahrungen der Weltwirtschaftskrise, Dortmund, Selbstverlag der Gesellschaft für Westfälische Wirtschaftsgeschichte e. V., 1977 (Ernst Schröder), Bd. 93 (1978), 232–234

Dickhoff, Erwin, Essen. Handel, Handwerk und Industrie im Spiegel Essener Straßennamen, Essen, 1977 (Ernst Schröder), Bd. 93 (1978), 234–236

Tenfelde, Klaus, Sozialgeschichte der Bergarbeiterschaft an der Ruhr im 19. Jahrhundert, Bonn-Bad Godesberg, 1977 (Ulrich Kemper), Bd. 93 (1978), 236–238

Dowe, Dieter, Aktion und Organisation. Arbeiterbewegung, sozialistische und kommunistische Bewegung in der preußischen Rheinprovinz 1820–1852, Hannover, Verlag für Literatur und Zeitgeschehen, 1970 (Ulrich Kemper), Bd. 93 (1978), 238–239

Friedemann, Peter; Kleßmann, Christoph, Streiks und Hungermärsche im Ruhrgebiet 1946–1948, Frankfurt a. M., Campus, 1977 (Ulrich Kemper), Bd. 93 (1978), 239–240

Reulecke, Jürgen (Hrsg.), Die deutsche Stadt im Industriezeitalter. Beiträge zur modernen deutschen Stadtgeschichte, Wuppertal, Peter Hammer, 1978 (Ulrich Kemper), Bd. 93 (1978), 240–243

Lange, Gisela, Das ländliche Gewerbe in der Grafschaft Mark am Vorabend der Industrialisierung, Köln, Selbstverlag des RWWA, 1976 (Ernst Schröder), Bd. 93 (1978), 243–244

Goebel, Klaus; Wichelhaus, Manfred (Hrsg.), Aufstand der Bürger. Revolution 1849 im westdeutschen Industriezentrum. Mit einem Vorwort von Gustav Walter Heinemann, Wuppertal, Peter Hammer, 3. erw. Aufl. 1977 (Walter Gerschler), Bd. 93 (1978), 244–246

Bogumil, Karlotto, Essen, Freie Stadt des Heiligen Römischen Reiches durch Privileg des Kaisers Karl IV. vom 24. 11. 1377. Ausstellung des Stadtarchivs Essen im Haus Industrieform (Steeler Straße 29) vom 24. 11.–24. 12. 1977, Essen, 1977 (Hanns-Joachim Maßner), Bd. 93 (1978), 247

Stadt Velbert; Bergischer Geschichtsverein, Abteilung Velbert (Hrsg.), »Historische Beiträge« Velbert, Neviges, Langenberg, H. 1–3, Velbert 1975–1978 (Hanns-Joachim Maßner), Bd. 93 (1978), 247–248

Goebel, Klaus (Hrsg.), »Dein dankbarer und getreuer F. W. Dörpfeld«. Gesamtausgabe der Briefe Friedrich Wilhelm Dörpfelds (1824–1893) mit Erläuterungen und Bilddokumenten, Wuppertal, Hans Meyer, 1976 (Hanns-Joachim Maßner), Bd. 93 (1978), 248–250

Mittweg, Karl; Bart, Jan, Werdener Nachlese. »Aus der Mittwegtruhe, seltene Fotos, ausgewählt von Karl Mittweg« und »Werdener Nachlese, die letzten Geschichtsplaudereien des Jan Bart«, Kettwig, F. Flothmann, 1977 (Hanns-Joachim Maßner), Bd. 93 (1978), 250–251

Sandkühler, Stefan (Hrsg.), Familienbuch Sandkuhle-Sandkühler, 2 Bd. u. Registerheft, Stuttgart, Selbstverlag, 1975 (Hanns-Joachim Maßner), Bd. 93 (1978), 251–252

Tosch, Hans-Gerd (Hrsg.), Heisingen, früher und heute, Essen, Tosch, 1978 (Hanns-Joachim Maßner), Bd. 93 (1978), 252

Herbig, Wolfgang, Wirtschaft und Bevölkerung der Stadt Lüdenscheid im 19. Jahrhundert, Dortmund, Selbstverlag der Gesellschaft für Westfälische Wirtschaftsgeschichte e. V., 1977 (Hanns-Joachim Maßner), Bd. 93 (1978), 252–253

Wagner, Johannes Volker, … nur Mut, sei Kämpfer! Heinrich König. Ein Leben für die Freiheit. Bochumer politische Lebensbilder aus der Zeit der Weimarer Republik und des Nationalsozialismus, Bochum, Brockmeyer, 1976 (Margrit Brand), Bd. 93 (1978), 253–255

Taddey, Gerhard (Hrsg.), Lexikon der deutschen Geschichte. Personen, Ereignisse, Institutionen. Von der Zeitwende bis zum Ausgang des 2. Weltkrieges, Stuttgart, Alfred Kröner, 1977 (Karlotto Bogumil), Bd. 93 (1978), 255

Jaspar, Karlbernhard, Der Urbanisierungsprozeß dargestellt am Beispiel der Stadt Köln, Köln, Selbstverlag des RWWA, 1977 (Karlotto Bogumil), Bd. 93 (1978), 256

Maßner, Hanns-Joachim, Aus Vergangenheit und Gegenwart unserer Kirche in Essen (Kleine Essendische Kirchengeschichte), Köln, Rheinlandverlag, 1978 (Karlotto Bogumil), Bd. 93 (1978), 257

Taubert, Rolf, Autonomie und Integration. Das Arbeiter-Blatt Lennep. Eine Fallstudie zur Theorie und Geschichte von Arbeiterpresse und Arbeiterbewegung 1848–1850, München, Verlag Dokumentation, 1977 (Karlotto Bogumil), Bd. 93 (1978), 257–258

Bericht über die Tätigkeit des Historischen Vereins für Stadt und Stift Essen im Jahre 1977, Bd. 93 (1978), 259–261

Orts-, Sach- und Namensregister zu Heft 93, Bd. 93 (1978), 263–303 (Anhang)

Bd. 94 (1979) Püttmann, Josef, Anton Grymholt, Abt der Reichsabtei Werden an der Ruhr am Beginn der Neuzeit (1484–1517), Bd. 94 (1979), 5–67

Sponheuer, Heribert, Die Büchsenmacherei des Essener Raumes in technischer Sicht, Bd. 94 (1979), 69–104

Berg, Volker vom, Bildung und Industrie in Essen (Ruhr) während des 19. Jahrhunderts, Bd. 94 (1979), 105–127

Schumacher, Erich, Ernst Kahrs, der erste Direktor des Ruhrlandmuseums. Mit Abb., Bd. 94 (1979), 129–151

Küpper, Friedrich, 1929, Essen faßt jenseits der Ruhr Fuß. Das »Gesetz über die kommunale Neugliederung des rheinisch-westfälischen Industriegebiets« 1929 in der Sicht aus der ehemaligen Stadt Werden und der Gemeinde Werden-Land, Bd. 94 (1979), 153–209

Maßner, Hanns-Joachim, In Memoriam Otto Bartels (Jan Bart). Mit Bild, Bd. 94 (1979), 211–212

Buchbesprechungen:

Reulecke, Jürgen; Weber, Wolfhard, Fabrik, Familie, Feierabend. Beiträge zur Sozialgeschichte des Alltags im Industriezeitalter, Wuppertal, Peter Hammer, 1978 (Ernst Schröder), Bd. 94 (1979), 213–217

Kostbarkeiten aus rheinischen Archiven. Katalog zur Ausstellung der Archivberatungsstelle Rheinland, Köln, Rheinland-Verlag, 1979 (Margrit Brand), Bd. 94 (1979), 217–219

Dohmen, Heinz, Abbild des Himmels. Tausend Jahre Kirchenbau im Bistum Essen, Mülheim a. d. Ruhr, Hoppe u. Werry, 1977 (Hanns-Joachim Maßner), Bd. 94 (1979), 219–220

Beiträge zur Stadtgeschichte, Bd. l-IX. Verein für Orts- und Heimatkunde Gelsenkirchen-Buer 1965–1978 (Hanns-JoachimMaßner), Bd. 94 (1979), 220–221

Reulecke, Jürgen (Hrsg.), Arbeiterbewegung an Rhein und Ruhr. Beiträge zur Geschichte der Arbeiterbewegung in Rheinland – Westfalen, Wuppertal, Peter Hammer, 1974 (Hanns-Joachim Maßner), Bd. 94 (1979), 221–222

Weisbrod, Bernd, Schwerindustrie in der Weimarer Republik. Interessenpolitik zwischen Stabilisierung und Krise, Wuppertal, Peter Hammer, 1978 (Hanns-Joachim Maßner), Bd. 94 (1979), 221–222

Schmidt, Ernst, Lichter in der Finsternis. Widerstand und Verfolgung in Essen 1933–1945. Erlebnisse – Berichte – Forschungen – Gespräche,

Frankfurt a.M., Röderberg, 1979 (Hanns-Joachim Maßner), Bd. 94 (1979), 222–223

Käufer, Hugo Ernst; Wolf, Horst (Hrsg.), Sie schreiben zwischen Moers und Hamm, Bio-bibliografische Daten, Fotos und Texte von 43 Autoren aus dem Ruhrgebiet, Wuppertal, Peter Hammer, 1974, und Reihe »Nordrhein – Westfalen literarisch«, Bd. 1–4, Wuppertal, Peter Hammer, 1974–1975 (Hanns-Joachim Maßner), Bd. 94 (1979), 223

Bericht über die Tätigkeit des Historischen Vereins für Stadt und Stift Essen im Jahre 1978, Bd. 94 (1979), 224–226

Maßner, Hanns-Joachim, Orts- und Personennamen- sowie Sachregister zu Heft 94, Bd. 94 (1979), 227–240 (Anhang)

Bd. 95 (1980) Katzor, Horst, Zum Geleit, Bd. 95 (1980), 5–6

Hengsbach, Franz, Kein Fortschritt ohne Vergangenheit, Bd. 95 (1980), 7–8

Regul, Jürgen, Grußwort, Bd. 95 (1980), 9

Maßner, Hanns-Joachim, Hundert Jahre Historischer Verein für Stadt und Stift Essen 1880–1980, Bd. 95 (1980), 11–24

Gechter, Michael, Neue Ausgrabungen in der Abteikirche Essen – Werden (Vorbericht der Ausgrabungen des Jahres 1979). Mit Abb., Bd. 95 (1980), 25–29

Petry, Manfred, Von Avignon bis Zwolle. Aus den großen Prozessen des Stiftes Essen im Mittelalter, Bd. 95 (1980), 31–62

Ilisch, Peter, Die Werdener Münzprägung zwischen Westfalen und dem Rheinland. Mit Abb., Bd. 95 (1980), 63–75

Glöckner, Erich, Die Wappen der Werdener Äbte nach der Kloster-Reformation 1474. Mit Abb., Bd. 95 (1980), 77–84

Dooren, Jan Pieter van, Kaspar Kohlhaas [Caspar Coolhaes] (1534–1615). Prediger in Essen und den Niederlanden, Bd. 95 (1980), 85–99

Schulte, Eduard, Die Werdener Familie Godefridi und Stock, Bd. 95 (1980), 101–142

Zimmermann, Wolfgang, Die Vagedesbauten in Essen. Mit Abb., Bd. 95 (1980), 143–150

Dohmen, Heinz, Historische katholische Kirchenbauten der zweiten Hälfte des 19. Jahrhunderts im heutigen Stadtgebiet von Essen. Mit Abb., Bd. 95 (1980), 151–174

Sons, Eckhard, Evangelischer Kirchbau im 19. Jahrhundert in Essen. Mit Abb., Bd. 95 (1980), 175–200

Weier, Joseph, Der »Verein zur Erziehung und Pflege katholischer schwachsinniger Kinder beiderlei Geschlechts aus der Rheinprovinz« in Essen und die Errichtung des Franz Sales-Hauses. Ein Beitrag zur Geschichte der Behindertenfürsorge im 19. Jahrhundert, Bd. 95 (1980), 201–224

Neumann, Heinz, Zur Geschichte der Post in Katernberg, Bd. 95 (1980), 225–248

Schröder, Ernst, Von Holle zu Luther. Der Essener Oberbürgermeisterwechsel im ersten Weltkrieg, Bd. 95 (1980), 249–278

Buchbesprechungen:

Wulf, Peter, Hugo Stinnes. Wirtschaft und Politik 1918–1924, Stuttgart, Klett-Cotta, 1979 (Ernst Schröder), Bd. 95 (1980), 279–281

Steinbicker, Clemens (Bearb.), Deutsches Geschlechterbuch, Bd. 181 (Westfälisches Geschlechterbuch, Bd. 5), Limburg a. d. Lahn, C. A. Starke, 1979 (Wilfried Vogeler), Bd. 95 (1980), 281–282

Dickhoff, Erwin, Essener Straßen. Stadtgeschichte im Spiegel der Essener Straßennamen, Essen, R. Bacht, 1979 (Ernst Schröder), Bd. 95 (1980), 282–284

Krupp, Gerhard, Auf Irrwegen zum Ziel, Tübingen, Jerusalem, Menora, 1980 (Hanns-Joachim Maßner), Bd. 95 (1980), 284–285

Werdener Psalter. Staatsbibliothek Preußischer Kulturbesitz Ms. theol. lat. fol. 358 in der Serie Codices selecti Gruppe A, Graz, Akademische Druck- und Verlagsanstalt, 1978 (Hanns-Joachim Maßner), Bd. 95 (1980), 285–286

Kahsnitz, Rainer, Der Werdener Psalter in Berlin, Ms. theol. lat. fol. 358. Eine Untersuchung zu den Problemen mittelalterlicher Psalterillustrationen, Düsseldorf, 1979 (Hanns-Joachim Maßner), Bd. 95 (1980), 285–286

Beckmann, Joachim (Hrsg.), Rheinische Bekenntnissynoden im Kirchenkampf. Eine Dokumentation aus den Jahren 1933–1945, Neukirchen, 1975 (Hanns-Joachim Maßner), Bd. 95 (1980), 286–288

Beckmann, Joachim (Hrsg.), Karl Immer. Die Briefe des Coetus Reformierter Prediger 1933–1937. Praeses Lic. Karl Immer zum 60. Geburtstag, Neukirchen, 1976 (Hanns-Joachim Maßner), Bd. 95 (1980), 286–288

Beckmann, Joachim (Hrsg.), Briefe zur Lage der Evangelischen Bekenntnissynode im Rheinland, Neukirchen, 1977 (Hanns-Joachim Maßner), Bd. 95 (1980), 286–288

Münzfreunde Essen e. V., Schriftenreihe, Bd. 1–4, 1976–1979 (Hanns-Joachim Maßner), Bd. 95 (1980), 288–289

Bericht über die Tätigkeit des Historischen Vereins für Stadt und Stift Essen im Jahre 1979, Bd. 95 (1980), 290–292

Maßner, Hanns-Joachim, Orts- und Personennamen- sowie Sachregister zu Heft 95, Bd. 95 (1980), 293–317 (Anhang)

Bd. 96 (1981) Brincken, Anna-Dorothee von den, Raum und Zeit in der Geschichtsenzyklopädie des hohen Mittelalters. Mit Abb., Bd. 96 (1981), 5–21

Hommen, Carl Bertram, Die Papiermühle in Brohl am Rhein, 1792 von P. J. van der Muelen aus Utrecht gegründet. Mit Abb., Bd. 96 (1981), 23–62

Stemmrich, Daniel, Vom Kotten zum Mehrfamilienhaus. Entwicklungsschritte in der Wohnarchitektur, dargestellt an Essener Beispielen des 19. Jahrhunderts. Mit Abb., Bd. 96 (1981), 63–98

Maßner, Hanns-Joachim, Kirchenkampf und Widerstand in den evangelischen Kirchengemeinden Großessens in den Jahren 1932 bis 1945 nach den Presbyteriumsprotokollen. Mit Abb., Bd. 96 (1981), 99–153

Buchbesprechungen:

Heinemann, Gustav W., Wir müssen Demokraten sein. Tagebuch der Studienjahre 1919–1922. Hrsg. von Brigitte u. Helmut Gollwitzer, München, Chr. Kaiser, 1980 (Ernst Schröder), Bd. 96 (1981), 155–156

Wagner, Stefan, Die staatliche Grund- und Gebäudesteuer in der preußischen Rheinprovinz von 1815 bis 1895. Entwicklung von Steuerrecht, -aufkommen und -belastung, Köln, Selbstverlag des RWWA, 1980 (Ernst Schröder), Bd. 96 (1981), 157–158

Hüwel, Detlev, Karl Arnold. Eine politische Biographie, Wuppertal, Peter Hammer, 1980 (Ernst Schröder), Bd. 96 (1981), 159–161

Sellmann, Wilhelm, Essener Bibliographie 1574–1960, Bd. 1, Essen, 1980 (Hanns-Joachim Maßner), Bd. 96 (1981), 161–163

Stüwer, Wilhelm, Die Reichsabtei Werden an der Ruhr, Berlin, de Gruyter, 1980 (Hanns-Joachim Maßner), Bd. 96 (1981), 161–163

Schröter, Hermann, Geschichte und Schicksal der Essener Juden. Ein Gedenkbuch für die jüdischen Mitbürger der Stadt Essen, Essen, 1980 (Hanns-Joachim Maßner), Bd. 96 (1981), 161–163

Klapheck, Richard; Körner, Edmund, Die Synagoge in Essen. Faksimile-Ausgabe des »13. Sonderheftes der Architektur des XX. Jahrhunderts«, Essen, 1980 (Hanns-Joachim Maßner), Bd. 96 (1981), 163–164

Bauks, Friedrich Wilhelm, Die evangelischen Pfarrer in Westfalen von der Reformationszeit bis 1945, Bielefeld, Luther, 1980 (Hanns-Joachim Maßner), Bd. 96 (1981), 164

Beckmann, Joachim; Prolingheuer, Hans, Zur Geschichte der Bekennenden Kirche im Rheinland. Mitgliederlisten der Pfarrer und Hilfsprediger und Register zu Dokumentationen des Kirchenkampfes im Rheinland, Köln, Rheinlandverlag, 1981 (Hanns-Joachim Maßner), Bd. 96 (1981), 164

Jászai, Géza (Hrsg.), Heilige Ida von Hersfeld 980–1980. Festschrift zur tausendjährigen Wiederkehr der Heiligsprechung der heiligen Ida von Hersfeld, Münster, 1980 (Hanns-Joachim Maßner), Bd. 96 (1981), 165

Wimmer, Walter, Gewachsen in elf Jahrhunderten. Borbecker Chronik I: 869–1854. Daten, Fakten, Ereignisse, Episoden, Zeitbilder und Augenzeugenberichte, Essen, 1980 (Hanns-Joachim Maßner), Bd. 96 (1981), 165–166

Schulze, Wolfgang, Die schönsten Sagen aus Essen, nacherzählt und hrsg. von Wolfgang Schulze, Bd. 1, Essen, 1979, u. Bd. 2, Essen, 1980 (Hanns-Joachim Maßner), Bd. 96 (1981), 166

Schulze, Wolfgang; Weiler, Arnold, Krupp und Essen, Essen, 1978, (Hanns-Joachim Maßner), Bd. 96 (1981), 166–167

Schulze, Wolfgang; Weiler, Arnold, Essener Erinnerungen, Essen, 1980 (Hanns-Joachim Maßner), Bd. 96 (1981), 166–167

Zacharias, Sigmar; Freihoff, Detlef, Was ist wo in Werden. Sehenswürdigkeiten, Besichtigungsvorschläge, Essen, 1980 (Hanns-Joachim Maßner), Bd. 96 (1981), 167

Dege, Wilhelm u. Wilfried, Das Ruhrgebiet, Geokolleg 3, Kiel, 2. Aufl. 1980 (Hanns-Joachim Maßner), Bd. 96 (1981), 167–168

Müller, Walter, Vom Wöchnerinnenasyl zum Universitätsklinikum. Die Geschichte des städtischen Krankenhauswesens in Essen, Münster, Murken-Altrogge, 1981 (Hanns-Joachim Maßner), Bd. 96 (1981), 168–169

1969–1979, Orthopädische Universitätsklinik und Poliklinik Essen, Uelzen, Medizinisch Literarische Verlagsgesellschaft, 1979 (Hanns-Joachim Maßner), Bd. 96 (1981), 168–169

Brandt, Hans-Jürgen, Kirche und Krankenhaus. Zur Geschichte der »leibhaftigen« Liebe im Christentum zu den Armen und Kranken, Essen, o. J. (Hanns-Joachim Maßner). Bd. 96 (1981), 168–169

Bericht über die Tätigkeit des Historischen Vereins für Stadt und Stift Essen im Jahre 1980, Bd. 96 (1981), 171–174

Maßner, Hanns-Joachim, Orts- und Personennamen- sowie Sachregister zu Heft 96, Bd. 96 (1981), 175–186 (Anhang)

Bd. 97 (1982)   Radday, Yehuda T.; Hommen, Carl Bertram, Die Grabmale von Burg Rheineck. Zur Geschichte des ehemaligen Ländchens Breisig und der früheren Herrschaft Rheineck, Bd. 97 (1982), 1–91

Radday, Yehuda T., Die Inschriften der Grabsteine vom jüdischen Friedhof bei der Burg Rheineck, Bd. 97 (1982), 7–40

Hommen, Carl Bertram, Zur Geschichte der Juden im ehemaligen »Ländchen Breisig« und in der früheren Herrschaft Rheineck, Bd. 97 (1982), 41–88 »

«Kein Jud oder Jüdin ohne Unser Gleydt …«. Aus der Fürstlich-Essendischen Judenordnung 1695, Bd. 97 (1982), 89–90

Das Breisiger Wappen im Essener Stiftswappen, Bd. 97 (1982), 91

Bd. 98 (1983)   Boeckhorst, S., In Memoriam Hanns-Joachim Maßner. Mit Bild, Bd. 98 (1983), III—V

Petry, Manfred, Zur älteren Baugeschichte des Essener Münsters, Bd. 98 (1983), 1–14

Niederau, Kurt, Der Nachlaß einer Rellinghauser Pröpstin, Bd. 98 (1983), 15–24

Wehnes, Franz-Josef, Die Geschichte der Pierburger Schule in Essen-Kettwig. Ein Beitrag zur Sozialgeschichte des Essener Schulwesens, Teil I und II, Bd. 98 (1983), 25–66

Freynik, Gerd, Die sozialdemokratische Arbeiterbewegung in Essen von der Gründung des ADAV-Zweigvereins Essen bis zum Erlaß des Sozialistengesetzes (1867-1878). Mit Abb., Bd. 98 (1983), 67-123

Schulte, Heinz, Zwischen Krieg und Frieden – Essen im Jahre 1945, Bd. 98 (1983), 125-137

Buchbesprechungen:

Heyen, Franz-Josef; Janssen, Wilhelm, Zeugnisse rheinischer Geschichte. Urkunden, Akten und Bilder aus der Geschichte der Rheinlande. Eine Festschrift zum 150. Jahrestag der Einrichtung der staatlichen Archive in Düsseldorf und Koblenz, Neuss, 1982 (Karlotto Bogumil), Bd. 98 (1983), 139

Joest, Hans-Josef, Pionier im Ruhrrevier. Gutehoffnungshütte – Vom ältesten Montan-Unternehmen Deutschlands zum größten Maschinenbaukonzern Europas, Stuttgart, Seewald, 1982 (Margrit Brand), Bd. 98 (1983), 139-140

Schwabe, Klaus (Hrsg.), Oberbürgermeister. Büdinger Forschungen zur Sozialgeschichte, Boppard, H. Boldt, 1981 (Ernst Schröder), Bd. 98 (1983), 140-143

Ahrens, Hanns D., Demontage. Nachkriegspolitik der Alliierten, München, Universitas, 1982 (Carl-Friedrich Baumann), Bd. 98 (1983), 143-144

Bericht über die Tätigkeit des Historischen Vereins für Stadt und Stift Essen in den Jahren 1981 und 1982, Bd. 98 (1983), 145-146

Bd. 99 (1984)   Derks, Paul, In pago Borahtron. Zu einigen Ortsnamen der Hellweg- und Emscherzone, Bd. 99 (1984), 1-78

Neumann, Heinz, 80 Jahre Postamt am Hauptbahnhof. Ein Beitrag zur Geschichte der Post in Essen, Bd. 99 (1984), 79-213

Heid, Ludger, Lazar Finger – Österreicher, Deutscher, Ostjude. Mit Abb., Bd. 99 (1984), 215-238

Nagel, Rolf, Heraldische Sonderformen. Oberwappen, Kleines Wappen und Allianzwappen als Städtische Zeichen. Mit Abb., Bd. 99 (1984), 239-243

Buchbesprechungen:

Sölter, Walter (Hrsg.), Das römische Germanien aus der Luft, Bergisch Gladbach, Gustav Lübbe, 1981 (Thomas Parent), Bd. 99 (1984), 244-245

Klüting, Hermann, Soldaten in Westfalen und am Niederrhein. Das Königlich Preußische VII. Armeekorps, Beckum, 1982 (Norbert Krüger), Bd. 99 (1984), 245-246

Wagner, Johannes Volker, Hakenkreuz über Bochum. Machtergreifung und nationalsozialistischer Alltag in einer Revierstadt, Bochum, Brockmeyer, 1983 (Margrit Brand), Bd. 99 (1984), 246-247

Alte Synagoge Essen (Hrsg.), Katholische Jugend im Nationalsozialismus: Essener Schlaglichter, Essen, 1984 (Karlotto Bogumil), Bd. 99 (1984), 247

Bennertz, Gerhard, Die Geschichte der Jüdischen Kultusgemeinde in Mülheim a. d. Ruhr in der ersten Hälfte des 20. Jahrhunderts im Grundriß. In: Zeitschrift des Geschichtsvereins Mülheim a. d. Ruhr, Heft 58/1983, S. 9–54 (Ludger Heid), Bd. 99 (1984), 247–250

Dieler, Petra, Die Duisburger Juden. Eine Dokumentation der jüdischen Bürger ab 1933, Duisburg, 1983 (Ludger Heid), Bd. 99 (1984), 247–250

Schneider, Werner, Jüdische Heimat Vest. Gedenkbuch der jüdischen Gemeinden im Kreis Recklinghausen, Recklinghausen, Rudolf Winkelmann, 1983 (Ludger Heid), Bd. 99 (1984), 247–250

Plato, Alexander von, »Der Verlierer geht nicht leer aus«. Betriebsräte geben zu Protokoll, Berlin, Bonn, Dietz, 1984 (J. Dick), Bd. 99 (1984), 250–251

Bd. 100 (1985) Derks, Paul, Die Siedlungsnamen der Stadt Essen. Sprachliche und geschichtliche Untersuchungen, Bd. 100 (1985), 1–241

Bd. 101 (1986/87) Eickermann, Norbert, Zu den Carmina figurata Uffings von Werden. Mit Abb., Bd. 101 (1986/87), 1–13

Schumacher, Erich, Die Essener Stadttore. Mit Abb., Bd. 101 (1986/87), 15–25

Wehnes, Franz-Josef, Die Geschichte der Pierburger Schule in Essen-Kettwig. Ein Beitrag zur Sozialgeschichte des Essener Schulwesens, Teil III (1814–1918), Bd. 101 (1986/87), 27–76

Dickhoff, Erwin, Die Entnazifizierung und Entmilitarisierung der Straßennamen. Ein Beitrag zur Geschichte der Straßenbenennung in Essen, Bd. 101 (1986/87), 77–104

Buchbesprechungen:

Reimann, Norbert, Königshof – Pfalz – Reichsstadt. Bilder und Texte zur Entstehung der Stadt Dortmund, Dortmund, 1984 (Karlotto Bogumil), Bd. 101 (1986/87), 105

Probst, Anke, Helene Amalie Krupp, Stuttgart, Franz Steiner, 1985 (Katarina Sieh-Burens), Bd. 101 (1986/87), 105–106

Bönninghausen, W., Parent, Th., Schinkel, E., Lassotta, A., Das Westfälische Industriemuseum, Münster, 1984 (Karlotto Bogumil), Bd. 101 (1986/87), 106

Füchtner, Jörg (Bearb.), Der beurkundete Mensch. Personenstandswesen im nördlichen Rheinland vom Spätmittelalter bis zum 20. Jahrhundert, Düsseldorf, 1984 (Karlotto Bogumil), Bd. 101 (1986/87), 107

Füchtner, Jörg u. a. (Bearb.), Die Zivilstandsregister im Nordrhein-Westfälischen Personenstandsarchiv Rheinland. Eine Übersicht, Brühl, 1985 (Karlotto Bogumil), Bd. 101 (1986/87), 107

Dickhoff, Erwin, Essener Köpfe. Wer war was? Essen, Richard Bacht, 1985 (Carl-Friedrich Baumann), Bd. 101 (1986/87), 108

Kühn, Heinz, Auf den Barrikaden des mutigen Wortes. Die politische Redekunst von Ferdinand Lassalle und Otto von Bismarck, August Bebel und Jean Jaurès, Ludwig Frank und Karl Liebknecht, Rosa Luxemburg und Clara Zetkin, Giacomo Matteotti und Otto Wels, Kurt Schumacher und Konrad Adenauer, Bonn, 1986 (Karlotto Bogumil), Bd. 101 (1986/87), 109

Sen, Faruk; Jahn, Gerhard (Hrsg.), Wahlrecht für Ausländer. Stand und Entwicklung in Europa, Frankfurt a. M., Dagyeli, 1985 (Ludger Heid), Bd. 101 (1986/87), 109–110

Bd. 102 (1988) Birr, Edith, Die sieben freien Künste auf flämischen Wandteppichen des 17. Jahrhunderts. Interpretationen zu einer Bildteppichreihe in der Villa Hügel in Essen. Mit Abb., Bd. 102 (1988), 1–82

Lindenlaub, Jürgen; Köhne-Lindenlaub, Renate, Unternehmensfinanzierung bei Krupp. 1811–1848. Ein Beitrag zur Kapital- und Vermögensentwicklung, Bd. 102 (1988), 83–164

Wehnes, Franz-Josef, Die Geschichte der Pierburger Schule. Ein Beitrag zur Sozialgeschichte des Essener Schulwesens, Teil IV (1918–1968), Bd. 102 (1988), 165–200

Buchbesprechungen:

Görner, Regina, Raubritter. Untersuchungen zur Lage des spätmittelalterlichen Niederadels, besonders im südlichen Westfalen, Münster, Aschendorff, 1987 (Thomas Lux), Bd. 102 (1988), 201–202

Paul, Johann, Alfred Krupp und die Arbeiterbewegung, Düsseldorf, Schwann, 1987 (Frank Bajohr), Bd. 102 (1988), 202–204

Lepper, Herbert, Die Einheit der Wissenschaften. Der gescheiterte Versuch der Gründung einer »Rheinisch-Westfälischen Akademie der Wissenschaften« in den Jahren 1907 bis 1910, Opladen, Westdeutscher Verlag, 1987 (Paul Derks), Bd. 102 (1988), 204–205

Wördehoff, Ludwig W., Borbeck in seinen Straßennamen, Essen, Henselowsky, 1987 (Paul Derks), Bd. 102 (1988), 205–207

Bd. 103 (1989/90) Schumacher, Erich, Dr. Gerhard Bechthold. Mit Bild, Bd. 103 (1989/90), 1–7

Schumacher, Erich, Die Bronzezeit im westlichen Industriegebiet. Mit Abb., Bd. 103 (1989/90), 8–26

Derks, Paul, Der Ortsname Essen. Nachtrag zu »Die Siedlungsnamen der Stadt Essen«, Bd. 103 (1989/90), 27–51

Wisplinghoff, Erich, Untersuchungen zur frühen Geschichte von Stift und Stadt Essen. Zugleich gedacht als Besprechung von Bettecken, Winfried, Stift und Stadt Essen. »Coenobium Astnide« und Siedlungsentwicklung bis 1244, Münster, Aschendorff, 1988, Bd. 103 (1989/90), 53–67

Gabel, Helmut, Politische und soziale Konflikte in rheinischen und westfälischen Kleinterritorien vor dem Reichskammergericht, Bd. 103 (1989/90), 69–86

Hantsche, Irmgard, Die Veränderung der politischen Landkarte am Niederrhein im Zeitalter der Französischen Revolution. Mit Kartenabb., Bd. 103 (1989/90), 87–117

Bold, Astrid, Der Scheinwerfer. Blätter der Städtischen Bühnen Essen, Bd. 103 (1989/90), 119–150

Alff, Wilhelm, Zum Gedenken deutscher Juden. Eine Erinnerung aus den Jahren 1935–1940, Bd. 103 (1989/90), 151–157

Alff, Wilhelm, Aus meiner Schulzeit – Streifzüge der Erinnerung, Bd. 103 (1989/90), 159–174

Nagel, Rolf, Das Wappen des Ruhrbischofs Franz Kardinal Hengsbach. Mit Abb., Bd. 103 (1989/90), 175–178

Buchbesprechungen:

Bettecken, Winfried, Stift und Stadt Essen. »Coenobium Astnide« und Siedlungsentwicklung bis 1244, Münster, Aschendorff, 1988, Bd. 103 (1989/90), 53–67

Tewes, Ludger, Die Amts- und Pfandpolitik der Erzbischöfe von Köln im Spätmittelalter (1306–1463), Köln, Wien, 1987 (Thomas Lux), Bd. 103 (1989/90), 180–182

Tewes, Ludger, Mittelalter an Lippe und Ruhr. Geleitwort von Kardinal Franz Hengsbach, Bischof von Essen, Essen, Reimar Hobbing, 1988 (Thomas Lux), Bd. 103 (1989/90), 182–185

Bd. 104 (1991/92) Vogeler, Wilfried, Dr. Hermann Schröter zum Gedenken. Mit Bild, Bd. 104 (1991/92), 5–9

Braun, Ute, Frauentestamente: Stiftsdamen, Fürstinnen-Äbtissinnen und ihre Schwestern in Selbstzeugnissen des 17. und 18. Jahrhunderts, Bd. 104 (1991/92), 11–99

Schröder, Ernst August, Von den Wehen in der Geburtsstunde des Luftverkehrs. Mit Abb., Bd. 104 (1991/92), 101–122

Lantermann, Friedrich W., Essener Filmtheater. Von den Anfängen bis zum Jahre 1939. Mit Abb., Bd. 104 (1991/92), 123–234

Buchbesprechungen:

Mohaupt, Helga, Kleine Geschichte Essens. Von den Anfängen bis zur Gegenwart, Bonn, 1991 (Paul Derks), Bd. 104 (1991/92), 236–238

Stoob, Heinz (Hrsg.), Deutscher Städteatlas. Lieferung IV: Essen. Bearb. von Heinz K. Junk, Altenbeken, 1989 (Thomas Lux), Bd. 104 (1991/92), 238–240

Essen in alten und neuen Reisebeschreibungen. Ausgewählt von Klaus Rosing, Düsseldorf, Droste, 1989 (Ute Braun), Bd. 104 (1991/92), 241–242

Schulze, Wolfgang, Das große Essener Sagenbuch. Sagen, Legenden und sagenhafte Erzählungen, Essen, 1990 (Paul Derks), Bd. 104 (1991/92), 243–246

Schmitz, Herbert, Höfe, Kotten und ihre Bewohner. Ein Beitrag zur Siedlungsgeschichte der Vororte Fulerum, Haarzopf, Ickten, Kettwiger Umstand, Raadt, Roßkothen, Schuir, Mülheim a. d. Ruhr, 1990 (Susanne Haeger), Bd. 104 (1991/92), 246–247

Oberkalkofen, Elsa, Die Sippe Duden in sechs Jahrhunderten, Köln, 1992 (Wilfried Vogeler), Bd. 104 (1991/92), 248–249

Bd. 105 (1993)   Hopp, Detlef, Berichte zu archäologischen Beobachtungen in Essen. Mit Abb., Bd. 105 (1993), 5–29

Wehnes, Franz-Josef, Schulkinder als Fabrikarbeiter: Über die Geschichte der Kettwiger Fabrikschule, Bd. 105 (1993), 31–59

Völcker-Janssen, Wilhelm, Zur Geschichte der archäologischen Sammlungen der Stadt Essen (1880–1984). Mit Abb., Bd. 105 (1993), 61–99

Benedict, Andreas, Das Amerika-Haus in Essen: Architektur der 50er Jahre zwischen Tradition und Moderne. Mit Abb., Bd. 105 (1993), 101–209

Buchbesprechungen:

Essen gräbt. Archäologie 1992. Katalog zur Ausstellung im Archäologischen Museum Altenessen, Essen, Pomp, 1992 (Inge Schröder), Bd. 105 (1993), 212–215

Reichart, Andrea, Alltagsleben im späten Mittelalter. Der Übergang zur frühen Neuzeit am Beispiel der Stadt Essen (1400–1700), Essen, Item-Verlag, 1992 (Paul Derks), Bd. 105 (1993), 215–219; (Thomas Lux), Bd. 105 (1993), 219–225

Haas, Reimund, Essener Offizialatsakten als personengeschichtliche Quelle, Köln, 1989 (Wilfried Vogeler), Bd. 105 (1993), 225–227

Günther, Ute, Erwachsenenbildung in ihrer Vielfalt. Eine Studie zur Geschichte der Erwachsenenbildung in der Stadt Essen, Frankfurt a. M., 1993 (Franz-Josef Wehnes), Bd. 105 (1993), 227–229

Gemmeke, Claudia, Die »Alte Synagoge« in Essen (1913), Essen, Die Blaue Eule, 1990 (Matthias Kohn), Bd. 105 (1993), 229–230

Herten, Josef, Schonnebeck. Historische Rundgänge durch den Essener Norden, Essen, 1992 (Paul Derks), Bd. 105 (1993), 230–231

Vermessungs- und Katasteramt der Stadt Bochum (Hrsg.), Bochumer Straßennamen. – Herkunft und Deutung, Bochum, 1993 (Paul Derks), Bd. 105 (1993), 232–235

Timm, Willy, Die Ortschaften der Grafschaft Mark in ihren urkundlichen Früherwähnungen und politischen Zuordnungen bis zur Gegenwart, Unna, Hellweg-Bücherei, 1991 (Paul Derks), Bd. 105 (1993), 236–239

Bd. 106 (1994) Brand, Cordula, Hopp, Detlef, Ausgrabungen in Essen-Burgaltendorf 1993. Mit einem Beitrag von R. Stritzke u. Abb., Bd. 106 (1994), 5–40

Hopp, Detlef, Parakenings-Bozkurt, Birgit, Ausgrabungen im historischen Kern Essens. Mit Abb., Bd. 106 (1994), 41–73

Hopp, Detlef, Berichte zu archäologischen Beobachtungen in Essen. Mit Abb., Bd. 106 (1994), 75–117

1. Essens ältestes Bauwerk: Die Steinkiste in Kupferdreh, Bd. 106 (1994), 77–80

2. Ausgrabungen auf der Alteburg 1992, Bd. 106 (1994), 81–86

3. Ausgrabungen im Kreuzgang des Essener Münsters, Bd. 106 (1994), 87–91

4. Mittelalterliche Spuren im Zwölfling, Bd. 106 (1994), 92–93

5. Das Gräberfeld der Marktkirche. Ausgrabungen im Herbst 1993. 2. Vorbericht, Bd. 106 (1994), 94–96

6. Archäologische Beobachtungen auf dem Gelände der ehemaligen Sternbrauerei, Bd. 106 (1994), 97–100

7. Archäologische Beobachtungen in der Leinewebergasse in Werden, Bd. 106 (1994), 101–105

8. Katalog vorgeschichtlicher Fundstellen in Essen, Bd. 106 (1994), 106–117

Derks, Paul, Register zu Beiträge zur Geschichte von Stadt und Stift Essen, Band 71–105, Bd. 106 (1994), 119–168

Buchbesprechungen:

Kramer, Heinz Josef, Das Stift Essen. Münzen und Medaillen, Münster, Aschendorff, 1993 (Thomas Lux), Bd. 106 (1994), 171–173

Schroer, Hans, Rellinghausen und seine Geschichte, Essen, Tosch, 1991 (Paul Derks), Bd. 106 (1994), 174–178

Eickenscheidt Nienhausen. Bd. I-IV, Essen, 3. Aufl. [1993] (Wilfried Vogeler), Bd. 106 (1994), 178–182

Heege, Karl, Im Zeichen der Prame. Der Hof Schulte auf der Heege in Essen-Katernberg. Geschichte eines Hofes im Emscherland, Olsberg, Selbstverlag, [1994] (Wilfried Vogeler), Bd. 106 (1994), 182–183

Schmitz, Herbert, Höfe, Kotten und ihre Bewohner. Ein Beitrag zur Siedlungsgeschichte der Vororte Fulerum, Haarzopf, Ickten, Kettwiger Umstand, Raadt, Bredeney und Schuir. Bd. II und Nachlese, Essen, Pomp, 1993 (Susanne Haeger), Bd. 106 (1994), 183–185

Alte Synagoge (Hrsg.), Jüdisches Leben in Essen 1800–1933, Essen, Klartext, 1993 (Rainer Walz), Bd. 106 (1994), 186–187

Parent, Thomas, Kirchen im Ruhrrevier 1850–1935, Münster, Ardey, 1993 (Andreas Benedict), Bd. 106 (1994), 187–191

Allbau, Allgemeiner Bauverein Essen AG, Wohnen und Markt. Gemeinnützigkeit wieder modern, Essen, Nobel, 1994 (Andreas Benedict), Bd. 106 (1994), 191–192

Tümmler, Hans, Verschlungene Pfade. Lebenserinnerungen, Bochum, Brockmeyer, 2. Aufl. 1993 (Paul Derks), Bd. 106 (1994), 193–194

Hinweise des Historischen Vereins, Bd. 106 (1994), 195–196

Bd. 107 (1995)   Derks, Paul, Gerswid und Altfrid. Zur Überlieferung der Gründung des Stiftes Essen, Bd. 107 (1955), 3–190

Bd. 108 (1996)   Freitäger, Andreas, Bruchstücke von Werdener Urkunden aus den Bibliotheken in Essen und Münster, Bd. 108 (1996), 7–16

Wallmann, Peter, Jodocus Hermann Nünning (1675–1753) und die Abtei Werden. Ein Beitrag zur Erforschung der älteren Regionalhistoriographie Westfalens, Bd. 108 (1996), 17–59

Deibl, Sandra, Die Auflösung des Beginenkonvents im neuen Hagen und ihre Folgen. Ein Beitrag zur Geschichte von Stadt und Stift Essen am Ende des 18. Jahrhunderts, Bd. 108 (1996), 61–112

Becker-Romba, Christiane, Die Denkmäler der Familie Krupp. Mit Abb., Bd. 108 (1996), 113–190

Bauhardt, Christine, Stadtentwicklung und Verkehrspolitik in Essen. Ein historischer Rückblick auf die Planung von Verkehrsinfrastrukturen, Bd. 108 (1996), 191–232

Wehnes, Franz-Josef, Die Geschichte der pädagogischen Akademie in Essen-Kupferdreh. Zum 50. Jahrestag ihrer Gründung am 29.1.1946, Bd. 108 (1996), 233–294

Brand, Cordula; Hopp, Detlef, Berichte zu archäologischen Beobachtungen in Essen. Mit Abb., Bd. 108 (1996), 295–306

1. Die Kanalbauarbeiten in der Kettwiger Straße, südlicher Abschnitt. Untersuchungen 1994, Bd. 108 (1996), 295–296

2. Archäologische Überreste nahe der Hl. Geistkapelle, Bd. 108 (1996), 297

3. Kleinsondage auf einem mittelsteinzeitlichen Fundplatz in Fischlaken, Bd. 108 (1996), 298–299

4. Untersuchungen in der Grafenstraße in Werden, Bd. 108 (1996), 300–301

5. Die archäologischen Beobachtungen in der Hufergasse 5 in Werden, Bd. 108 (1996), 302–304

6. Die Ausgrabungen in der Marktkirche 1995, Bd. 108 (1996), 305–306

Buchbesprechungen:

Kulturdezernat der Stadt Essen (Hrsg.), Essen macht Geschichte. Ein Leitfaden zur Geschichtskultur vor Ort, Essen, Klartext, 1996 (Manfred Rasch), Bd. 108 (1996), 307–308

Festschrift 1000 Jahre Rellinghausen, Essen, Bacht, 1995 (Paul Derks), Bd. 108 (1996), 308–310

Wilmer, Christoph, Seit mehr als tausend Jahren: Altenessen macht Geschichte. Hrsg. vom Lesebuchkreis Altenessen in Zusammenarbeit mit KultUrsachen im Stadtbezirk V, Essen, 1993 (Paul Derks), Bd. 108 (1996), 310–312

Gerchow, Jan; Ruhrlandmuseum Essen (Hrsg.), Die Mauer der Stadt. Essen vor der Industrie 1244 bis 1865, Bottrop, Essen, Pomp, 1995 (Paul Derks), Bd. 108 (1996), 313–314

Bihler, Margit, Buch und Schrift im mittelalterlichen Gebrauch. Textquellen aus Essens Mittelalter im Lichte des historischen Funktionswandels der Schrift, Göppingen, Kümmerle, 1994 (Paul Derks), Bd. 108 (1996), 314–318

Beitz, Else, »Das wird gewaltig ziehen und Früchte tragen!« Industriepädagogik in den Großbetrieben des 19. Jahrhunderts bis zum Ersten Weltkrieg dargestellt am Beispiel der Firma Fried. Krupp, Essen, Klartext, 1994 (Klaus Wisotzky), Bd. 108 (1996), 319–320

Tenfelde, Klaus (Hrsg.), Bilder von Krupp. Fotografie und Geschichte im Industriezeitalter, München, C. H. Beck, 1994 (Marion Heistermann), Bd. 108 (1996), 320–323

Klawun, Ruth, St. Ludgerus in Essen-Werden als Beispiel für preußische Denkmalpflegekonzepte im 19. Jahrhundert, Münster, Aschendorff, 1995 (Eva Winkler), Bd. 108 (1996), 323–325

Wisotzky, Klaus, Vom Kaiserbesuch zum Euro-Gipfel. 100 Jahre Essener Geschichte im Überblick, Essen, Klartext, 1996 (Gunther Annen), Bd. 108 (1996), 326

Schmidt, Ernst, Freie Schule. Die Geschichte der bekenntnisfreien Volksschulen in Essen 1923 bis 1933, Essen, awo-publik, o. J. (Volker van der Locht), Bd. 108 (1996), 327–328

Schmidt, Ernst, Lichter in der Finsternis, Bd. 3: Essener Opfer der Stalin-Ära, oppositionelle Linke und Fahnenflüchtige 1933–1945, Essen, Klartext, 1994 (Anselm Faust), Bd. 108 (1996), 328–329

Schneider, Sigrid (Hrsg.), Bildberichte. Aus dem Ruhrgebiet der Nachkriegszeit, Essen, Pomp, 1995 (Berthold Petzinna), Bd. 108 (1996), 329–330

Gerchow, Jan, Mittelalter vor Ort. Exkursionen in 800 Jahre Geschichte zwischen Lippe und Ruhr. Kunst, Archäologie und Geschichte im Ruhrgebiet von 750 bis 1550, Bottrop, Essen, Pomp, 1994 (Paul Derks), Bd. 108 (1996), 330–331

Lundt, Bea (Hrsg.), Vergessene Frauen an der Ruhr. Von Herrscherinnen und Hörigen, Hausfrauen und Hexen 800–1800, Köln, Weimar, Wien, 1992 (Maria Hillebrandt), Bd. 108 (1996), 332–336

Fürstenberg, Michael Freiherr von, »Ordinaria loci« oder »Monstrum Westphaliae«? Zur kirchlichen Rechtsstellung der Äbtissin von Herford im europäischen Vergleich, Paderborn, Bonifatius, 1995 (Ute Küppers-Braun), Bd. 108 (1996), 336–339

Heyne, Maren, Stille Gärten – Beredte Steine. Jüdische Friedhöfe im Rheinland, Bonn, Dietz, 1994 (Joachim Mugdan), Bd. 108 (1996), 340–347

Die Geschichte des Ruhrgebiets – Von der Carbonzeit bis ins Jahr 2000. Drehbuch: Susanne Riemek-Haneke, Kamera u. Regie: Johannes Haneke (Video-Film, 60 Min.), Essen, Mundus, 1995 (Andreas Göbel), Bd. 108 (1996), 348–349

Die Franken – Wegbereiter Europas. Der Film zur Ausstellung (Video-Film, 45 Min.), Wiesbaden, Neue Filmproduktion GmbH, 1996 (Andreas Göbel), Bd. 108 (1996), 349–350

Bd. 109 (1997) Koerner, Andreas, Die Phoenixhütte in Borbeck 1847–1926, Bd. 109 (1997), 9–54

Schreiber, Hans-Jürgen, Bergarbeiterbewegung in Altenessen. Von den Anfängen bis zur Gründung der Massengewerkschaften, Bd. 109 (1997), 55–115

Nitsche, Ulrich, Die Nahrungsmittelversorgung der Arbeiterschaft in der Zeit der Rationierung 1914–1922, dargestellt am Beispiel der Fried. Krupp AG, Essen, Bd. 109 (1997), 117–239

Brand, Cordula; Hopp, Detlef, Der Lindemannshof in Essen-Steele. Mit Abb., Bd. 109 (1997), 243–248

Fehse, Monika, Essener Beginen im 15. Jahrhundert – Sozialgeschichtliche Bemerkungen zum Konvent Beim Turm, Bd. 109 (1997), 249–262

Buchbesprechungen:

Weier, Michael; Schulte-Derne, Friedrich; Franke, Michael (Hrsg.), Essen entdecken. 18 Rundgänge, Essen, Klartext, 1996 (Monika Fehse), Bd. 109 (1997), 265–267

Küppers-Braun, Ute, Frauen des hohen Adels im kaiserlich – freiweltlichen Damenstift Essen (1605–1803). Eine verfassungs- und sozialgeschichtliche Studie, zugleich ein Beitrag zur Geschichte der Stifte Thorn, Elten, Vreden und St. Ursula in Köln, Münster, Aschendorff, 1997 (Franz-Josef Wehnes), Bd. 109 (1997), 267–270

Wisotzky, Klaus; Zimmermann, Michael (Hrsg.), Selbstverständlichkeiten – Strom, Wasser, Gas und andere Versorgungseinrichtungen: Die Vernetzung der Stadt um die Jahrhundertwende, Essen, Klartext, 1997 (Christian Eiden), Bd. 109 (1997), 270–273

Geschichtswerkstatt Zollverein (Hrsg.), Zeche Zollverein. Einblicke in die Geschichte eines großen Bergwerks, Essen, Klartext, 1996 (Klaus Wisotzky), Bd. 109 (1997), 273–274

Maas, Michael Ludger, Friedrich Wilhelm Bümsen. Der Tambour von Le Bourget, Essen, 1997 (Joachim Schulz-Hönerlage), Bd. 109 (1997), 274–275

Lantermann, Friedrich, Alfredushaus Aktien-Gesellschaft Essen 1897–1935. Eine sozial- und wirtschaftsgeschichtliche Studie, Essen, 1996 (Klaus Wisotzky), Bd. 109 (1997), 275–276

Breyvogel, Wilfried (Hrsg.), Mädchenbildung in Deutschland. Die Maria-Wächtler-Schule in Essen 1896–1996, Essen, Klartext, 1996 (Erika Münster-Schröer), Bd. 109 (1997), 276–278

Pankoke, Barbara, Der Essener Architekt Edmund Körner (1874–1940). Leben und Werk, Weimar, Verlag u. Datenbank für Geisteswissenschaften, 1996 (Thorsten Ebers), Bd. 109 (1997), 278–283

Marfording, Birthe, Die Dubois-Arena. Die Geschichte einer Boxsport-Arena, hrsg. vom Bürger- und Verkehrsverein Borbeck, Essen, 1997 (Andreas Koerner), Bd. 109 (1997), 283–284

Schröer, Astrid, »… und sonntags in die Gruga.« – Die Geschichte des Essener Volksparks, Essen, Nobel, 1996 (Wolfgang Gaida), Bd. 109 (1997), 284

IG Metall Verwaltungsstelle Essen (Hrsg.), Im Wandel gestalten. Zur Geschichte der Essener Metallindustrie 1946–1996, Essen, Klartext, 1996 (Volker van der Locht), Bd. 109 (1997), 285–286

Bühne, Horst W.; Happel, Peter, Essen. Bewegte Zeiten – Die 50er Jahre, Essen, Wartberg, 1996 (Stefan Rahner), Bd. 109 (1997), 286–287

Hermans, Baldur (Hrsg.), »… wie sollen wir vor Gott und unserem Volk bestehen?« Nikolaus Groß und die katholische Arbeiterbewegung in der NS-Zeit, Essen, 1995 (Klaus Wisotzky), Bd. 109 (1997), 287–291

Verfolgung des Geistes – Aufstand des Gewissens. Beiträge einer Vortragsreihe zum 50. Todestag von Nikolaus Groß, Essen, 1996 (Klaus Wisotzky), Bd. 109 (1997), 287–291

Lange, Klaus, Die ehemalige Stiftskirche in Herdecke. Baugeschichte – Bauschichten, Essen, Klartext, 1997 (Thomas Gepp), Bd. 109 (1997), 291–293

Bericht über die Tätigkeit des Historischen Vereins für Stadt und Stift Essen in den Jahren 1993 bis 1996, Bd. 109 (1997), 295–296

Bd. 110 (1998) Hopp, Detlef, Altsteinzeitliche Fundplätze in Essen. Mit Abb., Bd. 110 (1998), 9–19

Derks, Paul, Die Gründungs-Überlieferung und das Alter der »neuen Kirche« S. Lucius in Werden, Bd. 110 (1998), 21–23

Hirschmann, Stefan, Friedrich Hugenpoet – Ein Schreiber und Illuminator aus der Benediktinerabtei Werden, Bd. 110 (1998), 25–38

Beyer, Burkhard, Ein »Musterbeispiel« des industriellen Patriarchalismus? Zur Sozialgeschichte der Angestellten bei Krupp bis 1914, Bd. 110 (1998), 39–68

Annen, Gunther, Erich Zweigert und die Gründung der Emschergenossenschaft, Bd. 110 (1998), 69–134

Rißmann-Ottow, Guido, Wilhelm Pawlik – Ein Pionier im Dschungel. Der erste Vorsitzende der Gewerkschaft Handel, Banken und Versicherungen kam aus Essen, Bd. 110 (1998), 135–154

Buchbesprechungen:

Schmitz, Herbert, Bredeney. Rittersitze, Höfe, Kotten und ihre Bewohner, Bottrop, Essen, Pomp, 1998 (Susanne Haeger), Bd. 110 (1998), 157–158; (Paul Derks), Bd. 110 (1998), 158–160

Tewes, Ludger, Mittelalter im Ruhrgebiet. Siedlung am westfälischen Hellweg zwischen Essen und Dortmund (13.–16. Jahrhundert), Paderborn, Schöningh, 1997 (Jan Gerchow), Bd. 110 (1998), 160–163

Bärsch, Jürgen, Die Feier des Osterfestkreises im Stift Essen nach dem Zeugnis des Liber Ordinarius (zweite Hälfte 14. Jahrhundert). Ein Beitrag zur Liturgiegeschichte der deutschen Ortskirchen, Münster, Aschendorff, 1997 (Thomas Schilp), Bd. 110 (1998), 163

Locht, Volker van der, Von der karitativen Fürsorge zum ärztlichen Selektionsblick. Zur Sozialgeschichte der Motivstruktur der Behindertenfürsorge am Beispiel des Essener Franz-Sales-Hauses, Opladen, Leske u. Budrich, 1997 (Uwe Kaminsky), Bd. 110 (1998), 165–168

Keßler, Uwe, Zur Geschichte des Managements bei Krupp. Von den Unternehmensanfängen bis zur Auflösung der Fried. Krupp AG (1811–1943), Stuttgart, F. Steiner, 1995 (Michael Zimmermann), Bd. 110 (1998), 168–170

Peters, Ralf; Zehnter, Annette, Grenzen überwinden: 150 Jahre Th. Goldschmidt, hrsg. von der Th. Goldschmidt AG, Bottrop, Essen, Pomp, 1997 (Ulrich Nitsche), Bd. 110 (1998), 170–174

Schweer, Dieter; Thieme, Wolf (Hrsg.), »Der gläserne Riese« RWE – Ein Konzern wird transparent, Wiesbaden, Gabler, 1997 (Klaus Wisotzky), Bd. 110 (1998), 174–177

Voß, Günter, Kettwig und die untere Ruhrtalbahn. Heimatgeschichte der Kettwiger Eisenbahn 1855–1997 (Werner Kroker), Bd. 110 (1998), 177

Metzendorf, Rainer; Mikuscheit, Achim, Margarethenhöhe – Experiment und Leitbild. 1906–1996, hrsg. von der Margarethe-Krupp-Stiftung, Bottrop, Essen, Pomp, 1997 (Klaus Wisotzky), Bd. 110 (1998), 177–178

Das 20. Jahrhundert der Gaudigs. Chronik einer Arbeiterfamilie im Ruhrgebiet. Nach Schilderungen von Theo Gaudig u. a. zusammengestellt von Ludger Fittkau, Essen, Klartext, 1997 (Volker van der Locht), Bd. 110 (1998), 179–180

Mohaupt, Helga; Somplatzki, Herbert, Der Bühne zugewandt. Von der Volksbühne zum Essener Theaterring 1922–1997, Essen, Klartext, 1997 (Klaus Wisotzky), Bd. 110 (1998), 180–182

Hammerstein, Irmgard, Hukeshove. Chronik der Familie Hueck aus Niedermassen I, Münster, Aschendorff, 1995 (Hermann Burghard), Bd. 110 (1998), 182–184

Keller, Manfred; Wilbertz, Gisela (Hrsg.), Spuren im Stein. Ein Bochumer Friedhof als Spiegel jüdischer Geschichte, Essen, Klartext, 1997 (Aubrey Pomerance), Bd. 110 (1998), 184–186

Hermans, Baldur (Hrsg.), Zuwanderer – Mitbürger – Verfolgte. Beiträge zur Geschichte der Ruhrpolen im 19. Jahrhundert und in der Weimarer Republik und der Zigeuner in der NS-Zeit, Essen, 1996 (Andreas Koerner), Bd. 110 (1998), 186–187

Bericht über die Tätigkeit des Historischen Vereins für Stadt und Stift Essen im Jahre 1997, Bd. 110 (1998), 189–190

Bd. 111 (1999)   Brand, Cordula; Hopp, Detlef, Ein Friedhof und eine Siedlung der Metallzeit in Fulerum. Mit Abb., Bd. 111 (1999), 7–14

Ocklenburg, Ulrich, Neue Baubefunde an der Ludgeruskirche in Essen-Werden. Mit Abb., Bd. 111 (1999), 15–19

Jankrift, Kay Peter, »Myt dem Jammer der Pestilentz beladen« – Seuchen und die Versorgung Seuchenkranker in Essen vom späten Mittelalter bis zum Beginn der frühen Neuzeit, Bd. 111 (1999), 20–42

Burghard, Hermann, »Genck ande Gylde nae alder Gewonte« – Zwei Bücher der Essener Kaufleutegilde (1442–1791), Bd. 111 (1999), 43–320

Wehnes, Franz-Josef, Die Geschichte der Pädagogischen Hochschule Essen (1962–1972), Bd. 111 (1999), 321–376

Buchbesprechungen

Frosien-Leinz, Heike, Städte- und Kulturführer Essen, hrsg. von der Stadt Essen und der Verlagsgruppe Beleke, Essen, Nobel, 1998 (Monika Fehse), Bd. 111 (1999), 379–380

Dohmen, Heinz; Sons, Eckhard, Kirchen, Kapellen, Synagogen in Essen, Essen, Nobel, 1998 (Kathrin Klose), Bd. 111 (1999), 380–381

Gerchow, Jan; Ruhrlandmuseum Essen (Hrsg.), Das Jahrtausend der Mönche. Klosterwelt Werden 799–1803, Köln, Wienand, 1999 (Thomas Lux), Bd. 111 (1999), 381–384

Torkewitz, Dieter, Das älteste Tondokument zur Entstehung der abendländischen Mehrstimmigkeit. Eine Handschrift aus Werden an der Ruhr: Das Düsseldorfer Fragment, Stuttgart, Franz Steiner, 1999 (Michael Walter), Bd. 111 (1999), 384–385

Boewe-Koob, Edith, Das Antiphonar der Essener Handschrift D 3, Münster, Aschendorff, 1997 (Katrinette Bodarwé/Stefan Hirschmann), Bd. 111 (1999), 385–388

Zimmermann, Erik, Schwarzes Gold – Im Tal der Ruhr. Die Geschichte des Werdener Bergbaus, Essen, Nobel, 1999 (Klaus Wisotzky), Bd. 111 (1999), 388–390

Detering, Horst, Von Abendlicht bis Zwergmutter. 400 Jahre Bergbau in Heisingen, Essen, Klartext, 1998 (Klaus Wisotzky), Bd. 111 (1999), 388–390

Fessner, Michael, Steinkohle und Salz. Der lange Weg zum industriellen Ruhrrevier, Bochum, Deutsches Bergbau-Museum, 1998 (Klaus Wisotzky), Bd. 111 (1999), 388–390

Albrecht, Waltraud, Die B.M.V.-Schule in Essen 1652–1997, Essen, Selbstverlag der Congregatio B.M.V., 1997 (Ulrich Nitsche), Bd. 111 (1999), 390–392

Stenglein, Frank, Krupp. Höhen und Tiefen eines Industrieunternehmens, Düsseldorf, Econ, 1998 (Ulrich Nitsche), Bd. 111 (1999), 392–394

Buchholz, Gereon, Der Hügel: Villa und Park, Essen, Nobel, 1998 (Burkhard Beyer), Bd. 111 (1999), 394–395

Bittner, Vera; Goltsche, Patrick (Hrsg.), Erfahrungen, Begegnungen, Herausforderungen. 100 Jahre Goetheschule Essen 1899–1999, Essen, Klartext, 1999 (Erika Münster-Schröer), Bd. 111 (1999), 395–398

Watzlawik, Sigrid, Visionen in Stein. Modernes Bauen in Essen 1910–1930, Essen, Nobel, 1998 (Thorsten Ebers), Bd. 111 (1999), 398–399

Schmidt, Ernst, Vom Staatsfeind zum Stadthistoriker. Rückblick auf mein bewegtes Leben, Essen, Klartext, 1998 (Klaus Tenfelde), Bd. 111 (1999), 399–401

Rißmann-Ottow, Guido, 50 Jahre HBV: Die Essener Geschichte, hrsg. von der Gewerkschaft Handel, Banken und Versicherungen, Bottrop, Pomp, 1998 (Volker van der Locht), Bd. 111 (1999), 401–403

Schanetzky, Tim, Endstation Größenwahn. Die Geschichte der Stadtsanierung in Essen-Steele, Essen, Klartext, 1998 (Irene Wiese von Ofen), Bd. 111 (1999), 403–404

Weber, Wolfhard (Hrsg.), Ingenieure im Ruhrgebiet, Münster, Aschendorff, 1999 (Karlheinz Rabas), Bd. 111 (1999), 405–407

Olmer, Beate, Wasser. Historisch. Zur Bedeutung und Belastung des Umweltmediums im Ruhrgebiet 1870–1930, Frankfurt a. M., P. Lang, 1998 (Gunther Annen), Bd. 111 (1999), 407–409

Kastorff-Viehmann, Renate (Hrsg.), Die grüne Stadt. Siedlungen, Parks, Wälder, Grünflächen 1860–1960, Essen, Klartext, 1998 (Klaus Wisotzky), Bd. 111 (1999), 410–412

Rasch, Manfred u. a. (Bearb.), Industriefilm – Medium und Quelle: Beispiele aus der Eisen- und Stahlindustrie, Essen, 1997 (Jürgen Malone), Bd. 111 (1999), 412–413

Bericht über die Tätigkeit des Historischen Vereins für Stadt und Stift Essen im Jahre 1998, Bd. 111 (1999), 415–416

Band 112 (2000) Dr. Ernst Schröder zum Gedenken, Bd. 112 (2000), 7–9

Brand, Cordula; Hopp, Detlef, Eine Siedlung der späten römischen Kaiserzeit und der Merowingerzeit in Burgaltendorf. Mit Abb., Bd. 112 (2000), 13–29

Schilp, Thomas, Gründung und Anfänge der Frauengemeinschaft Essen, Bd. 112 (2000), 30–63

Freitäger, Andreas, »Actum in camera scriptoria presente D. Johanne Kruyshaer«: Verwaltungshandeln im Spätmittelalter am Beispiel der Lehens- und Behandigungsprotokolle der Reichsabtei Werden, Bd. 112 (2000), 64–105

Burghard, Hermann, Das »Stahlshauss« zu Heisingen, Bd. 112 (2000), 106–127

Wisotzky, Klaus, Richard Euringer: NS-Literat und Leiter der Essener Stadtbücherei, Bd. 112 (2000), 128–151

Zimmermann, Michael, »Entlassungen aus dem Zigeunerlager Auschwitz erfolgen grundsätzlich nicht«. Die Essener Sinti und Roma unter dem Nationalsozialismus, Bd. 112 (2000), 152–202

Schmidt, Ernst, März 1945: Die Bluttat im Montagsloch, Bd. 112 (2000), 203–217

Simon, Christian, »Eure Herren gehen, unser Herr aber kommt«. Der 2. Deutsche Evangelische Kirchentag in Essen 1950, Bd. 112 (2000), 218–232

Dörnemann, Astrid, Mies van der Rohes Verwaltungsgebäude für das Unternehmen Fried. Krupp. Mit Abb., Bd. 112 (2000), 233–291

Brand, Cordula; Krause, Guido; Schönfelder, Uwe, Die Baubefunde der Ausgrabungen an »Haus Stein« in Essen-Haarzopf. Mit Abb., Bd. 112 (2000), 295–300

Buchbesprechungen:

Koerner, Andreas, Zwischen Schloss und Schloten. Die Geschichte Borbecks, Bottrop, Henselowsky Boschmann, 1999 (Berthold Petzinna), Bd. 112 (2000), 303–306

Marfording, Birthe (Hrsg.), Schloß Borbeck und sein Park. Oberhof – Wasserburg – Lustschloss – Residenz und Bürgerzentrum im Wandel der Jahrhunderte, Fulda, Fuldaer Verlagsanstalt, 1999 (Berthold Petzinna), Bd. 112 (2000), 303–306

Voigt, Cornell; Streich, Günter, Schönes Borbeck. Vom Rhein-Herne-Kanal zum Hexbachtal, Essen, Nobel, 1999 (Berthold Petzinna), Bd. 112 (2000), 303–306

Bötefür, Markus; Buchholz, Gereon; Buhlmann, Michael, Bildchronik Werden 1200 Jahre, Essen, Nobel, 1999 (Gunther Annen), Bd. 112 (2000), 306–307

Voigt, Corneel, Schönes Steele mit Horst, Freisenbruch, Eiberg. Idylle und Tradition an der Ruhr, Essen, Nobel, 1999 (Gerhard Goth), Bd. 112 (2000), 307–309

Hopp, Detlef; Denkmalbehörde Essen (Hrsg.), Stadtarchäologie in Essen, Bottrop, Essen, Pomp, 1999 (Andreas Göbel), Bd. 112 (2000), 309–311

Bessen, Dorothea; Wisotzky, Klaus (Hrsg.), Buchkultur inmitten der Industrie. 225 Jahre G. D. Baedeker in Essen, Essen, Klartext, 2000 (Erika Münster-Schröer), Bd. 112 (2000), 311–314

Niklaß, Anja, »Wenn die Gewaltigen klug sind ...«. Die Essener Wohnungs- und Bodenpolitik 1885–1915, Marburg, Tectum, 1999 (Frank Kerner), Bd. 112 (2000), 314–317

Helfrich, Andreas, Die Margarethenhöhe Essen. Architekt und Auftraggeber vor dem Hintergrund der Kommunalpolitik Essen und der Firmenpolitik Krupp zwischen 1886 und 1914, Weimar, Verlag u. Datenbank für Geisteswissenschaften, 2000 (Frank Kerner), Bd. 112 (2000), 318–320

Großmann, Joachim, Wanderungen durch Zollverein. Das Bergwerk und seine industrielle Landschaft, hrsg. von der Geschichtswerkstatt »Zeche Zollverein e. V.« und der Denkmalbehörde Essen, Essen, Klartext, 1999 (Klaus Wisotzky), Bd. 112 (2000), 321–322

Scheytt, Oliver; Stöckemann, Patricia; Zimmermann, Michael (Hrsg.), Tanz-Lese. Eine Geschichte des Tanzes in Essen, Essen, Klartext, 2000 (Erika Münster-Schröer), Bd. 112 (2000), 322–325

Gepp, Thomas; Petzinna, Berthold (Bearb.), Essen im Luftkrieg, Essen, 1999 (Andreas Lammers), Bd. 112 (2000), 325–326

Gleising, Günter, Heinz Renner. Eine politische Biographie, Bochum, Ruhr Echo, 2000 (Walter Gerschler), Bd. 112 (2000), 326–328

Jungmann, Christel, »Ich war nie eine Quotenfrau«. Berta Möller-Dostali. Eine Biographie, Essen, Klartext, 1999 (Petra Günther), Bd. 112 (2000), 328–329

Stadt Essen (Hrsg.), Dem Wandel auf der Spur. Strukturveränderungen der Stadt Essen in Ansichten und Analysen, Essen, Klartext, 1999 (Tim Schanetzky), Bd. 112 (2000), 330–332

Freitäger, Andreas, Johannes Cincinnius von Lippstadt (ca. 1485–1555). Bibliothek und Geisteswelt eines westfälischen Humanisten, Münster, Aschendorff, 2000 (Jan Gerchow), Bd. 112 (2000), 332–337

Hallenberger, Dirk, Industrie und Heimat. Eine Literaturgeschichte des Ruhrgebiets, Essen, Klartext, 2000 (Klaus Wisotzky), Bd. 112 (2000), 337–339

Hiepel, Claudia, Arbeiterkatholizismus an der Ruhr. August Brust und der Gewerkverein christlicher Bergarbeiter, Stuttgart, Kohlhammer, 1999 (Wolfgang Jäger), Bd. 112 (2000), 340–342

Ruhrlandmuseum Essen (Hrsg.), Die Erfindung des Ruhrgebiets: Arbeit und Alltag um 1900. Katalog zur sozialhistorischen Dauerausstellung, Essen, Pomp, 2000 (Stefan Goch), Bd. 112 (2000), 343–345

Peters, Ralf, 100 Jahre Wasserwirtschaft im Revier. Die Emschergenossenschaft 1899–1999, Bottrop, Essen, Pomp, 1999 (Thomas Dupke), Bd. 112 (2000), 345–348

Bücker, Vera; Nadorf, Bernhard; Potthoff, Markus (Hrsg.), Wie sollen wir vor Gott und unserem Volk bestehen? Der politische und soziale Katholizismus 1927–1949 im Ruhrgebiet, Münster, Lit, 1999 (Thomas Gepp), Bd. 112 (2000), 349–351

Lotfi, Gabriele, KZ der Gestapo. Arbeitserziehungslager im Dritten Reich, Stuttgart, München, Deutsche Verlags-Anstalt, 2000 (Anselm Faust), Bd. 112 (2000), 352–353

Starzinger, Anneli, Kommunikationsraum Szenekneipe. Annäherung an ein Produkt der Erlebnisgesellschaft, Wiesbaden, Deutscher Universitäts-Verlag, 2000 (Burkhard Beyer), Bd. 112 (2000), 353–355

Bericht über die Tätigkeit des Historischen Vereins für Stadt und Stift Essen im Jahre 1999, Bd. 112 (2000), 356–357

Bd. 113 (2001) Leenen, Stefan, Gräber, Gruben und Gewölbe. Archäologie im Bereich der Marktkirche in Essen. Mit Abb., Bd. 113 (2001), 9–91

Annen, Gunther, Anfänge der Essener Stadtentwässerung. Mit Abb., Bd. 113 (2001), 93–157

68

Krüger, Norbert, Die Luftangriffe auf Essen 1940–1945. Eine Dokumentation. Mit Abb., Bd. 113 (2001), 159–328

Brand, Cordula; Hopp, Detlef, Vorgeschichtliche Fundplätze am Flughafen Essen-Mülheim. Mit Abb., Bd. 113 (2001), 330–342

Albert, Marcel, Werdener Bücherschicksal. Die Reste der Werdener Abteibibliothek im Besitz der Pfarrei Werden. Mit Abb., Bd. 113 (2001), 343–381

Soénius, Ulrich S., Ein Königreich Scheidt? Kettwig und seine führende Unternehmerfamilie. Mit Abb., Bd. 113 (2001), 383–396

Baumann, Carl-Friedrich, Die Entwicklung des Rheinstahl-Firmenzeichens. Mit Abb., Bd. 113 (2001), 397–407

Buchbesprechungen:

Berghaus, Günter; Schilp, Thomas; Schlagheck, Michael (Hrsg.), Herrschaft, Bildung und Gebet. Gründung und Anfänge des Frauenstifts Essen, Essen, Klartext, 2000 (Jan Gerchow), Bd. 113 (2001), 410–418

Rother, Thomas, Die Krupps. Durch fünf Generationen Stahl, Frankfurt a. M., New York, Campus, 2001 (Burkhard Beyer), Bd. 113 (2001), 419–420

Gall, Lothar, Krupp. Der Aufstieg eines Industrieimperiums, Berlin, Siedler, 2000 (Stefan Goch), Bd. 113 (2001), 420–423

Wolbring, Barbara, Krupp und die Öffentlichkeit im 19. Jahrhundert. Selbstdarstellung, öffentliche Wahrnehmung und gesellschaftliche Kommunikation, München, Beck, 2000 (Klaus Wisotzky), Bd. 113 (2001), 424–426

Soénius, Ulrich S., Wirtschaftsbürgertum im 19. und frühen 20. Jahrhundert. Die Familie Scheidt in Kettwig 1848–1925, hrsg. von der Stiftung Rheinisch-Westfälisches Wirtschaftsarchiv zu Köln, Köln, Selbstverlag der Stiftung RWWA, 2000 (Thomas Dupke), Bd. 113 (2001), 426–429

Prochaska, Berthold, Die Marienkapelle am Düppenberg. Geschichte und Geschichten von der ehemaligen Düppenberg-Kapelle, Essen, Selbstverlag, 2000 (Peter Heidutzek), Bd. 113 (2001), 429–430

Weiß, Lothar, Rheinische Großstädte während der Weltwirtschaftskrise (1929–1933). Kommunale Finanz- und Sozialpolitik im Vergleich, Köln, Weimar, Wien, Böhlau, 1999 (Michael Zimmermann), Bd. 113 (2001), 430–432

Lesebuchkreis Altenessen (Hrsg.), »Wir müssen uns erinnern, damit sich diese Zeit nicht wiederholt.« Altenessen unter dem Hakenkreuz 1933–1945. Erinnerungen und Berichte von Zeitzeugen, Essen, 2000 (Berthold Petzinna), Bd. 113 (2001), 433–434

Norbisrath, Gudrun (Hrsg.), Gestohlene Jugend. Der Zweite Weltkrieg in Erinnerungen, Essen, Klartext, 2000 (Volker van der Locht), Bd. 113 (2001), 435–436

Bohn, Robert, Reichskommissariat Norwegen. »Nationalsozialistische Neuordnung« und Kriegswirtschaft, München, R. Oldenbourg, 2000 (Klaus Wisotzky), Bd. 113 (2001), 436–437

Roeser, Frank, Das Sondergericht Essen 1942–1945, Baden-Baden, Nomos, 2000 (Michael Zimmermann), Bd. 113 (2001), 438–439

Alte Synagoge (Hrsg.), Ein Haus, das bleibt. Aus Anlass 20 Jahre ALTE SYNAGOGE Essen, Essen, Klartext, 2000 (Dorothea Bessen), Bd. 113 (2001), 440–441

Knocke, Erich (Hrsg.), Gesammeltes Vergnügen. Das Essener Markt- und Schaustellermuseum, Essen, Klartext, 2000 (Cordula Holtermann), Bd. 113 (2001), 442–444

Haas, Reimund; Institut für kirchengeschichtliche Forschung des Bistums Essen (Hrsg.), Bewahren und Erinnern. Kirchenschätze und Kirchengeschichte. Domschatzkammer und Institut. Ansprachen und Beiträge zum 70. Geburtstag von Alfred Pothmann. Beiträge und Miscellen, Essen, Selbstverlag, 2000 (Ute Küppers-Braun), Bd. 113 (2001), 444

Wiegand, Peter (Bearb.), Die preußische Berg-, Hütten- und Salinenverwaltung 1763–1865. Die Bestände in den nordrhein-westfälischen Staatsarchiven, Bd. 1: Staatsarchiv Münster, Münster, Selbstverlag des Nordrhein-Westfälischen Staatsarchivs Münster, 2000 (Klaus Wisotzky), Bd. 113 (2001), 445–446

Bericht über die Tätigkeit des Historischen Vereins für Stadt und Stift Essen im Jahre 2000, Bd. 113 (2001), 447–448

Bd. 114 (2002)   Dr. Wilfried Vogeler zum Gedenken, Bd. 114 (2002), 7–8

Fremer, Torsten, Die Essener Äbtissin Theophanu. Individualität und Selbstdarstellung im Mittelalter. Mit Abb., Bd. 114 (2002), 11–34

Frech, Stefan, Theodor Reismann-Grone (1863–1949). Ein radikaler Nationalist zwischen Kaiserreich und Entnazifizierung. Mit Abb., Bd. 114 (2002), 35–57

Wehling, Hans-Werner, »Auf andersartigen Pfaden zu neuen Erkenntnissen«. Leben und Werk Hans Spethmanns. Mit Bild, Bd. 114 (2002), 59–72

Roseman, Mark, Ein Mensch in Bewegung. Dore Jacobs (1894–1978). Mit Abb., Bd. 114 (2002), 73–108

Schmidt, Ernst, 11. Mai 1952. Der Tod eines Demonstranten in Essen. Mit Abb., Bd. 114 (2002), 109–154

Hopp, Detlef; Khil, Bianca, Berichte zu archäologischen Beobachtungen. Mit Abb., Bd. 114 (2002), 157–167

1. Metallzeitliche Hügelgräber in Essen-Haarzopf, Bd. 114 (2002), 157–162

Kurzkatalog der Befunde und Funde, Bd. 114 (2002), 161–162

2. Eine mittelalterliche und neuzeitliche Hofstelle in Essen-Borbeck, Bd. 114 (2002), 162–164

3. Von der Stadtbibliothek in die Vorgeschichte, Bd. 114 (2002), 165–167

Wehnes, Franz-Josef, Aus der Geschichte der Schule am Est. Vom Streit zwischen Friedrich dem Grossen und dem Abt von Werden (1752) bis zur Schliessung. Mit Abb., Bd. 114 (2002), 169–184

Beyer, Burkhard, Von der Vaterschaft freigekauft. Zur Herkunft und Biographie von Wilhelm Alfried Löbbert, dem unehelichen Sohn von Alfred Krupp. Mit 1 Abb., Bd. 114 (2002), 185–202

Wisotzky, Klaus, »Die Essener Frauen auf dem Kriegspfad«. Die Neubesetzung von zwei Schulleiterstellen im Jahre 1931. Mit Abb., Bd. 114 (2002), 203–212

Rieker, Yvonne, »Eigen« und »Fremd« zugleich. Das Ruhrgebiet und die süditalienischen Arbeitsmigranten. Mit Abb., Bd. 114 (2002), 213–238

Buchbesprechungen:

Krüssmann, Holger, Kulturpfad-Lichtführung Stadt Essen, Essen, Schönfeldt u. Partner, 2002 (Klaus Wisotzky), Bd. 114 (2002), 240

Schmidt, Ernst; Zimmermann, Michael (Hrsg.), Essen erinnert. Orte der Stadtgeschichte im 20. Jahrhundert, Essen, Klartext, 3. überarb. u. erw. Aufl. 2002 (Stefan Goch), Bd. 114 (2002), 241–242

Hallenberger, Dirk; Wehner, Walter, Literarischer Stadtführer Essen, Essen, Klartext, 2002 (Klaus Wisotzky), Bd. 114 (2002), 242–244

Lange, Klaus, Der Westbau des Essener Doms, Münster, Aschendorff, 2001 (Ralf Dorn), Bd. 114 (2002), 244–247

Fremer, Torsten, Äbtissin Theophanu und das Stift Essen. Gedächtnis und Individualität in ottonisch-salischer Zeit, Bottrop, Essen, Pomp, 2002 (Jan Gerchow), Bd. 114 (2002), 247–250

Köhne-Lindenlaub, Renate, Die Villa Hügel. Unternehmerwohnsitz im Wandel der Zeit, München, Berlin, Deutscher Kunstverlag, 2002 (Cordula Holtermann), Bd. 114 (2002), 250–251

Rißmann-Ottow, Guido, Glück ab! Frühe Luftfahrt im Revier, Essen, Klartext, 2002 (Volker van der Locht), Bd. 114 (2002), 251–253

Frida-Levy-Gesamtschule Essen (Hrsg.), Frida Levy 18. 12. 1881 bis 1942. Frida-Levy-Gesamtschule 6. September 2001, Essen, Klartext, 2001 (Michael Zimmermann), Bd. 114 (2002), 253–256

Portmann, Gerhard, »Der Rixdaller ist VII Ort.« – Über Geld und Rechenwährungen im Mülheimer Raum von der Zeit Karls des Großen bis zum Beginn des Ersten Weltkrieges, in: Zeitschrift des Geschichtsvereins Mülheim a. d. Ruhr, Heft 72/2001 (Heinz Josef Kramer), Bd. 114 (2002), 256–259

Berschel, Holger, Bürokratie und Terror. Das Judenreferat der Gestapo Düsseldorf 1935–1945, Essen, Klartext, 2001 (Michael Zimmermann), Bd. 114 (2002), 259–262

Goch, Stefan, Eine Region im Kampf mit dem Strukturwandel. Bewältigung von Strukturwandel und Strukturpolitik im Ruhrgebiet, Essen, Klartext, 2002 (Thomas Dupke), Bd. 114 (2002), 263–266

Bericht über die Tätigkeit des Historischen Vereins für Stadt und Stift Essen im Jahre 2001, Bd. 114 (2002), 267–269

Bd. 115 (2003) Hopp, Detlef; Khil, Bianca, Berichte zu archäologischen Beobachtungen. Mit Abb., Bd. 115 (2003), 9–22
1. Neues über alte Gräber in der Münsterkirche, Bd. 115 (2003), 9–17
Katalog der beschriebenen Gräber, Bd. 115 (2003), 16–17
2. Archäologische Spuren des mittelalterlichen Vollmer-Hofes in Huttrop (Arbeitsbericht), Bd. 115 (2003), 18–20
3. Einige bedeutende Funde aus der Neukircher Mühle in Werden, Bd. 115 (2003), 20–22
Küppers-Braun, Ute, Zwangstaufen, Kindesentführung und Tumulte bei Beerdigungen. Stift und Stadt Essen in der ersten Hälfte des 18. Jahrhunderts. Mit Abb., Bd. 115 (2003), 23–65
Welzel, Robert, Wie Frohnhausen zum Gänsereiter kam. Ästhetische Gesichtspunkte der Essener Stadtplanung am Beispiel eines Brunnens. Mit Abb., Bd. 115 (2003), 67–97
Feyen, Martin, Verbotene Liebe. Die Verfolgung von »Rassenschande« im Ruhrgebiet 1933–1945, Bd. 115 (2003), 99–186
Held, Heinz Joachim, Zuflucht unter den Trümmern der Reformationskirche – Hilfe für jüdische Mitbürger in letzter Stunde. Zugleich eine persönliche Erinnerung an den Essener Pfarrer Johannes Böttcher und seinen jüdischen Freund Josef Anschel. Mit Abb., Bd. 115 (2003), 187–251
Voßkamp, Sabine, »Zwischen Gestern und Morgen«. Sozialer Wandel und Kohlenkrise im Stadtkreis Essen 1958–1969. Mit Abb. u. Anhang, Bd. 115 (2003), 253–330
Beyer, Burkhard, Zur Geschichte der Familie von Wilhelm Alfried Löbbert, dem unehelichen Sohn von Alfred Krupp. Ein Nachtrag. Mit 1 Abb., Bd. 115 (2003), 333–338
Buchbesprechungen:
Borsdorf, Ulrich (Hrsg.), Essen. Geschichte einer Stadt, Bottrop, Essen, Pomp, 2002 (Jörg Engelbrecht), Bd. 115 (2003), 341–345
Mohaupt, Helga, Kleine Geschichte Essens. Von den Anfängen bis zur Gegenwart, Essen, Klartext, 3. durchges. u. erw. Aufl. 2002 (Jörg Engelbrecht), Bd. 115 (2003), 341–345
Stoltzenburg, André; Flocke, Sarah-Janine, Essener Lokalrunde. Gewusst, geraten, gewonnen: das Quiz zur Stadt, Bochum, biblioviel, 2002 (Andreas Koerner), Bd. 115 (2003), 345
Bürgerverein Essen-Haarzopf/Fulerum e.V. (Hrsg.), Aus der Geschichte Haarzopfs, Essen, Druckerei Kraska, 2002 (Cordula Holtermann), Bd. 115 (2003), 345–347
Küppers-Braun, Ute, Macht in Frauenhand. 1000 Jahre Herrschaft adeliger Frauen in Essen, Essen, Klartext, 2002 (Jan Gerchow), Bd. 115 (2003), 347–350
Katholische Stadtkirche Essen (Hrsg.), anSTIFTungen! 1150 Jahre Kirche vor Ort. Dokumentation der Ausstellung, Essen, 2002 (Cordula Holtermann), Bd. 115 (2003), 350–351

Bodarwé, Katrinette; Schilp, Thomas (Hrsg.), Herrschaft, Liturgie und Raum. Studien zur mittelalterlichen Geschichte des Frauenstifts Essen, Essen, Klartext, 2002 (Birgitta Falk), Bd. 115 (2003), 351–357

Geschichtswerkstatt »Zeche Zollverein e. V.« (Hrsg.), Vom Leben mit der Kohle. Zur Geschichte der Stadtteile Katernberg, Schonnebeck und Stoppenberg, Essen, Klartext, 2002 (Klaus Wisotzky), Bd. 115 (2003), 357–358

Brenner, Reinhard; Wisotzky, Klaus (Hrsg.), Der Schlüssel zur Welt. 100 Jahre Stadtbibliothek Essen, Essen, Klartext, 2002 (Jan-Pieter Barbian), Bd. 115 (2003), 359–366

Gall, Lothar (Hrsg.), Krupp im 20. Jahrhundert. Die Geschichte des Unternehmens vom Ersten Weltkrieg bis zur Gründung der Stiftung, Redaktion Burkhard Beyer, Berlin, Siedler, 2002 (Helmut Lackner), Bd. 115 (2003), 366–369

Költzsch, Georg W., Phoenix Folkwang. Die Meisterwerke, Köln, DuMont, 2002 (Klaus Wisotzky), Bd. 115 (2003), 369–371

Roseman, Mark, In einem unbewachten Augenblick. Eine Frau überlebt im Untergrund, Berlin, Aufbau, 2002 (Stefan Goch), Bd. 115 (2003), 372–374

Schlagheck, Michael; Berghaus, Günter (Hrsg.), »Dem Leben auf den Grund gehen«. Emil Wachters Adveniat-Krypta in der Essener Münsterkirche, Essen, Klartext, 2002 (Hans Müskens), Bd. 115 (2003), 374–377

Zupancic, Andrea; Schilp, Thomas (Hrsg.), Der Berswordt-Meister und die Dortmunder Malerei um 1400. Stadtkultur im Spätmittelalter, Bielefeld, Verlag für Regionalgeschichte, 2002 (Jan Gerchow/ Susan Marti), Bd. 115 (2003), 377–381

Fuchs, Ralf-Peter, Hexenverfolgung an Ruhr und Lippe. Die Nutzung der Justiz durch Herren und Untertanen, Münster, Ardey, 2002 (Erika Münster-Schröer), Bd. 115 (2003), 381–383

Freitäger, Andreas (Bearb.), Die preußische Berg-, Hütten- und Salinenverwaltung 1763–1865. Die Bestände in den Nordrhein-Westfälischen Staatsarchiven, Bd. 2: Nordrhein-Westfälisches Hauptstaatsarchiv Düsseldorf mit Gesamtindex zu Band 1 und 2, Düsseldorf, Selbstverlag des Nordrhein-Westfälischen Hauptstaatsarchivs Düsseldorf, 2002 (Karsten Plewnia), Bd. 115 (2003), 383–384

Hering, Hartmut (Hrsg.), Im Land der tausend Derbys. Die Fußball-Geschichte des Ruhrgebiets, Göttingen, Die Werkstatt, 2002 (Klaus Wisotzky), Bd. 115 (2003), 385–387

Busch, Wilhelm; Scheer, Thorsten (Hrsg.), Symmetrie und Symbol. Die Industriearchitektur von Fritz Schupp und Martin Kremmer, Köln, Verlag der Buchhandlung Walther König, 2002 (Klaus Wisotzky), Bd. 115 (2003), 387–390

Friedrich, Jörg, Der Brand – Deutschland im Bombenkrieg 1940–1945, München, Propyläen, 2. Aufl. 2002 (Norbert Krüger), Bd. 115 (2003), 390–397

Grontzki, Nina; Niewerth, Gerd; Potthoff, Rolf (Hrsg.), Als die Steine Feuer fingen – Der Bombenkrieg im Ruhrgebiet – Erinnerungen, Essen, Klartext, 2003 (Norbert Krüger), Bd. 115 (2003), 390–397

Urban, Thomas, ÜberLeben und Sterben von Zwangsarbeitern im Ruhrbergbau, Münster, Ardey, 2002 (Andreas Lammers), Bd. 115 (2003), 398–400

Neues zur Essener Geschichte 2002/2003. Zusammengestellt von Klaus Wisotzky, Bd. 115 (2003), 401–404

Bericht über die Tätigkeit des Historischen Vereins für Stadt und Stift Essen im Jahre 2002, Bd. 115 (2003), 405–410

Bd. 116 (2004) Niethammer, Lutz, Ernst Schmidt zum 80. Geburtstag. Mit 1 Abb., Bd. 116 (2004), 7–17

Berichte zu archäologischen Beobachtungen. Mit Abb., Bd. 116 (2004), 21–44

Barnick, Helmut F.; Hopp, Detlef, 1. Steinzeitliche Neufunde in Essen: Artefakte aus Sandstein und Quarzit – eine brauchbare Alternative zur Feuerstein-Verwendung?, Bd. 116 (2004), 21–31

Hopp, Detlef; Scheer, Udo; Stottrop, Ulrike, 2. Mooreichen-Funde in Essen-Heisingen, Bd. 116 (2004), 32–34

Buttjes, Dieter; Hopp, Detlef; Leenen, Stefan, 3. Neue Einblicke in die Geschichte des Burgplatzes, Bd. 116 (2004), 35–38

Hopp, Detlef, 4. Archäologische Zeugnisse mittelalterlichen Bergbaus, Bd. 116 (2004), 39–41

Hopp, Detlef, 5. Archäologie an der Kreuzeskirche, Bd. 116 (2004), 42–44

Horstkötter O. Praem., Ludger, Die alte Schule in Essen-Frintrop und das Jahrgedächtnis der Essener Äbtissin Schwanhild in der Pfarrkirche St. Dionysius zu Essen-Borbeck (1808–1913). Mit Abb., Bd. 116 (2004), 45–97

Krawehl, Otto-Ernst, Die Essener Wollhandlung Wilhelm & Conrad Waldthausen unter ihrem ersten Inhaber Johann Conrad Waldthausen (1820–1836), Bd. 116 (2004), 99–147

Przigoda, Stefan, Friedrich Hammacher und der Bergbau-Verein. Mit Abb., Bd. 116 (2004), 149–170

Wisotzky, Klaus, Nicht nur ein Musentempel. Die Geschichte des Saalbaus. Mit Abb., Bd. 116 (2004), 171–226

Welzel, Robert, Von der Müllhalde zum »Renommier-Viertel«. Das Massenbauen auf dem Rüttenscheider Haumannshof. Mit Abb., Bd. 116 (2004), 227–272

Lorenz, Raimund, Schienenfahrzeugbau in Essen von Krupp bis Siemens. Mit Abb., Bd. 116 (2004), 273–306

Schmidt, Ernst, Der Ingenieur Hermann Will und seine Erlebnisse während der NS-Zeit bei Krupp in Essen. Mit Bild, Bd. 116 (2004), 307–318

Zimmermann, Michael, Den Nationalsozialismus ausstellen? Überlegungen zu Bildgedächtnis, Präsentationsformen und historischer Relevanz. Mit Abb., Bd. 116 (2004), 321–348

Lundt, Bea, Männer und Frauen in der Stadt. Anregungen zum Schülerwettbewerb des Historischen Vereins Essen. Mit 1 Abb., Bd. 116 (2004), 349–361

Buchbesprechungen:

Burghard, Hermann (Bearb.), Werden (Rheinischer Städteatlas, Lieferung XIV, Nr. 78), Köln, Weimar, Wien, Böhlau, 2001 (Jan Gerchow), Bd. 116 (2004), 365–366

Busch, Rainer J., Kupferdreher Denkmalspfad. Ein Wanderführer zu den historischen Stätten in Kupferdreh, Essen, 2003 (Walter Gerschler), Bd. 116 (2004), 366–368

Holle, Marlies, Wandern auf kultur- und industriegeschichtlichen Pfaden in Rellinghausen/Stadtwald, Essen o. J. (2004) (Walter Gerschler), Bd. 116 (2004), 366–368

Cram, Ilse; Lich, Horst; Wacker, Heinrich, Heisinger Denkmalspfade. Ein Wanderführer zu den historischen Stätten in Heisingen, Essen, 2004 (Walter Gerschler), Bd. 116 (2004), 366–368

Chevallerie, Huberta de la, Zeche Zollverein Schacht XII in Essen. Gebauter Gedanke, Essen, Klartext, 2004 (Klaus Wisotzky), Bd. 116 (2004), 368–370

Feuerwehrverein Berufsfeuerwehr Essen e.V. (Hrsg.), 110 Jahre Berufsfeuerwehr Essen, Essen, 2004 (Andreas Koerner), Bd. 116 (2004), 370–371

Kemp, Franz van der, Achtung Achtung! Ende Ende! Geschichte einer Kindheit und Jugend in dunkler Zeit 1932–1951, Waltrop, Selbstverlag, 2003 (Thomas Dupke), Bd. 116 (2004), 371–373

Lindemann, Klaus, Deutsch denken, reden, schreiben. Schule, Deutschunterricht und Abitur 1932–1940, dargestellt am Beispiel der Essener Gymnasien Borbeck und Bredeney, Frankfurt a.M., Peter Lang, 2003 (Michael Zimmermann), Bd. 116 (2004), 373–376

Evangelischer Stadtkirchenverband Essen; Kirchenkreise Essen-Mitte, Essen-Nord, Essen-Süd (Hrsg.), Evangelische Kirche in Essen vor dem Hintergrund von »nationaler Erhebung« und nationaler Katastrophe 1930 bis 1950. Dokumentation eines Symposiums zur kirchlichen Zeitgeschichte im Haus der Ev. Kirche am 19. Juni 2002, Essen, Selbstverlag, 2003 (Thomas Dupke), Bd. 116 (2004), 376–380

Stoll, Johannes P.; Krüger, Norbert (Bearb.), Bombennächte 1940–1945 in Rellinghausen und Stadtwald, hrsg. von der Bürgerschaft Rellinghausen-Stadtwald e.V., Essen, Selbstverlag, 2003 (Walter Gerschler), Bd. 116 (2004), 380–382

Heistermann, Marion, Demontage und Wiederaufbau. Industriepolitische Entwicklungen in der »Kruppstadt« Essen nach dem Zweiten Weltkrieg (1945–1956), Essen, Klartext, 2004 (Burkhard Beyer), Bd. 116 (2004), 382–384

Schmidt, Vera (Bearb.), August Thyssen und Hugo Stinnes. Ein Briefwechsel 1898–1922, hrsg. von Manfred Rasch und Gerald D. Feldman, München, C. H. Beck, 2003 (Klaus Wisotzky), Bd. 116 (2004), 384–386

Neues zur Essener Geschichte 2003/2004. Zusammengestellt von Klaus Wisotzky, Bd. 116 (2004), 387–391

Bericht über die Tätigkeit des Historischen Vereins für Stadt und Stift Essen im Jahre 2003, Bd. 116 (2004), 393–395

2. Nach Verfassern geordnetes alphabetisches Verzeichnis

Aders, Günter, Die Essener Chronik des Johannes Ursinus, Bd. 67 (1952), 223–257

Albert, Marcel, Werdener Bücherschicksal. Die Reste der Werdener Abteibibliothek im Besitz der Pfarrei Werden. Mit Abb., Bd. 113 (2001), 343–381

Alff, Wilhelm, Aus meiner Schulzeit – Streifzüge der Erinnerung, Bd. 103 (1989/90), 159–174

—, Zum Gedenken deutscher Juden. Eine Erinnerung aus den Jahren 1935–1940, Bd. 103 (1989/90), 151–157

Annen, Gunther, Anfänge der Essener Stadtentwässerung, Bd. 113 (2001), 93–157

—, Erich Zweigert und die Gründung der Emschergenossenschaft, Bd. 110 (1998), 69–134

Arens, Franz, Das Essener Kapuzinerkloster, Bd. 29 (1907), 75–125

—, Das Essener Siechenhaus und seine Kapelle, Bd. 18 (1898), 42–95

—, Das Heberegister des Stiftes Essen. Nach dem Kettenbuche im Essener Münsterarchiv, Bd. 34 (1912), 3–111

—, Das Hospital zum hl. Geist in Essen, Bd. 17 (1896), 75–128

—, Das Wappen des Stiftes Essen, Bd. 15 (1894), 3–10

—, Der Liber ordinarius der Essener Stiftskirche und seine Bedeutung für die Liturgie, Geschichte und Topographie des ehemaligen Stiftes Essen, Bd. 21 (1901), IX S., 1–156

—, Die beiden Kapitel des Stiftes Essen, Bd. 14 (1892), 99–164

—, Die Essener Armenordnung vom Jahre 1581, Bd. 17 (1896), 129–136

—, Die Essener Jesuitenresidenz, Bd. 37 (1918), 85–193

—, Die Siegel und das Wappen der Stadt Essen, Bd. 15 (1894), 11–19

—, Die Siegel und das Wappen der Stadt Essen. Mit zwei Tafeln, Bd. 22 (1902), 3–13,

—, Die St. Johannes-Kirche in Essen. Ihr Ursprung und ihre baugeschichtliche Entwickelung, Bd. 38 (1919), 179–194

—, Die Statuten des Gräflichen Damen-Kapitels des Stiftes Essen, Bd. 17 (1896), 137–148

—, Die Verfassung des kaiserlich-freiweltlichen Stiftes Essen, festgestellt in dem Landesgrundvergleich vom 14. September 1794, Bd. 15 (1894), 21–52

—, Geschichte des Klosters und der Schule der Congregatio B.M.V. in Essen 1652–1902, Bd. 25 (1903), 1–74

Ascherfeld, Milly, Das Essendische Gesangbuch vom Jahre 1748, Bd. 53 (1935), 1–98

—, Die Entstehung des lutherischen Konsistoriums in Essen und seine Zuständigkeit, Bd. 49 (1931), 89–134

—, Maria Kunigunde von Sachsen, die letzte Fürstäbtissin des Stiftes Essen (1776–1802), Bd. 47 (1930), 1–119

—, Zwei Essener Goldschmiede auf der Wanderschaft. Reisebriefe der Brüder Adalbert und Wilhelm Ascherfeld aus den Jahren 1837–1841, Bd. 63 (1948), 3–156

Baedeker, Julius, Über die Anfänge des Buchdruckes und des Zeitungswesens in Essen und beider Entwickelung im 18. Jahrhundert, Bd. 18 (1898), 132–150

Barnick, Helmut F.; Hopp, Detlef, Steinzeitliche Neufunde in Essen: Artefakte aus Sandstein und Quarzit – eine brauchbare Alternative zur Feuerstein-Verwendung?, Bd. 116 (2004), 21–31

Bauhardt, Christine, Stadtentwicklung und Verkehrspolitik in Essen. Ein historischer Rückblick auf die Planung von Verkehrsinfrastrukturen, Bd. 108 (1996), 191–232

Baumann, Carl-Friedrich, Die Entwicklung des Rheinstahl-Firmenzeichens. Mit Abb., Bd. 113 (2001), 397–407

Baumann, Wilhelm, Die Essener Schützen der früheren Zeit und der Schützenzug nach Welheim, Bd. 11 (1887), 85–116

Becker, Johannes, Die Waisenerziehung im Hochstifte Essen bis zu dessen Säkularisierung im Jahre 1803 unter besonderer Berücksichtigung des Steeler Waisenhauses. Ein Beitrag zur Anstaltserziehung des 18. Jahrhunderts, Bd. 49 (1931), 135–232

Becker-Romba, Christiane, Die Denkmäler der Familie Krupp. Mit Abb., Bd. 108 (1996), 113–190

Benedict, Andreas, Das Amerika-Haus in Essen: Architektur der 50er Jahre zwischen Tradition und Moderne. Mit Abb., Bd. 105 (1993), 101–209

Berg, Volker vom, Bildung und Industrie in Essen (Ruhr) während des 19. Jahrhunderts, Bd. 94 (1979), 105–127

Beyer, Burkhard, Ein »Musterbeispiel« des industriellen Patriarchalismus? Zur Sozialgeschichte der Angestellten bei Krupp bis 1914, Bd. 110 (1998), 39–68

—, Von der Vaterschaft freigekauft. Zur Herkunft und Biographie von Wilhelm Alfried Löbbert, dem unehelichen Sohn von Alfred Krupp, Bd. 114 (2002), 185–202

—, Zur Geschichte der Familie von Wilhelm Alfried Löbbert, dem unehelichen Sohn von Alfred Krupp. Ein Nachtrag, Bd. 115 (2003), 333–338

Biesten, Wilhelm, Canonicus Biesten, Bd. 30 (1909), 211–218

—, Versuch einer Beschreibung des kaiserlichen freiweltlichen Reichsstifts Essen 1780. Aus dem Nachlasse des Kanonikus Biesten, Bd. 36 (1917), 195–204

Birr, Edith, Die sieben freien Künste auf flämischen Wandteppichen des 17. Jahrhunderts. Interpretationen zu einer Bildteppichreihe in der Villa Hügel in Essen. Mit Abb., Bd. 102 (1988), 1–82

Boeckhorst, S., In Memoriam Hanns-Joachim Maßner, Bd. 98 (1983), III-V

Böhmer, Hermann, Ein Gang über den alten Friedhof am Kettwiger Tor, Bd. 49 (1931), 439–453

—, Gewerbe, Handel und Industrie in Essen. Gewesenes und Bestehendes. Nach einem Vortrag im November 1934, Bd. 54 (1936) 169–187

Bold, Astrid, Der Scheinwerfer. Blätter der Städtischen Bühnen Essen, Bd. 103 (1989/90), 119–150

Borchardt, Paul, Der Haushalt der Stadt Essen am Ende des 16. und Anfang des 17. Jahrhunderts, Bd. 24 (1903), 1–124

Brand, Cordula; Hopp, Detlef, Ausgrabungen in Essen-Burgaltendorf 1993. Mit einem Beitrag von R. Stritzke u. Abb., Bd. 106 (1994), 5–40

—, Berichte zu archäologischen Beobachtungen in Essen. 1. Die Kanalbauarbeiten in der Kettwiger Straße, südlicher Abschnitt. Untersuchungen 1994, 2. Archäologische Überreste nahe der Hl. Geistkapelle, 3. Kleinsondage auf einem mittelsteinzeitlichen Fundplatz in Fischlaken, 4. Untersuchungen in der Grafenstraße in Werden, 5. Die archäologischen Beobachtungen in der Hufergasse 5 in Werden, 6. Die Ausgrabungen in der Marktkirche 1995, Bd. 108 (1996), 295–306

—, Der Lindemannshof in Essen-Steele. Mit Abb., Bd. 109 (1997), 243–248

—, Ein Friedhof und eine Siedlung der Metallzeit in Fulerum. Mit Abb., Bd. 111 (1999), 7–14

—, Eine Siedlung der späten römischen Kaiserzeit und der Merowingerzeit in Burgaltendorf. Mit Abb., Bd. 112 (2000), 13–29

—, Vorgeschichtliche Fundplätze am Flughafen Essen-Mülheim. Mit Abb., Bd. 113 (2001), 330–342

Brand, Cordula; Krause, Guido; Schönfelder, Uwe, Die Baubefunde der Ausgrabungen an »Haus Stein« in Essen-Haarzopf. Mit Abb., Bd. 112 (2000), 295–300

Brand, Jürgen, Geschichte der ehemaligen Stifter Essen und Werden während der Übergangszeit von 1806–1813 unter besonderer Berücksichtigung der großherzoglichbergischen Justiz und Verwaltung, Bd. 86 (1971), 5–155

Brandi, Paul, Der Aufstieg der Stadt Essen zur Industriemetropole. Eine Erinnerung an Oberbürgermeister Erich Zweigert, Bd. 60 (1940), 239–294

—, Essener Arbeitsjahre. Erinnerungen des Ersten Beigeordneten Paul Brandi. Abriß aus einer 1944 für die eigene Familie verfaßten Schrift »44 Jahre im Industriebezirk«, Bd. 75 (1959), 5–110

Brandt, Hans-Jürgen, Das Herrenkapitel am Damenstift Essen in seiner persönlichen Zusammensetzung und seinen Beziehungen zur Seelsorge (1292–1412), Bd. 87 (1972), 5–144

Braun, Ute, Frauentestamente: Stiftsdamen, Fürstinnen-Äbtissinnen und ihre Schwestern in Selbstzeugnissen des 17. und 18. Jahrhunderts, Bd. 104 (1991/92), 11–99

Brincken, Anna-Dorothee von den, Raum und Zeit in der Geschichtsenzyklopädie des hohen Mittelalters. Mit Abb., Bd. 96 (1981), 5–21

Budde-Irmer, Ursula, Brautläufe aus den Essener Stadtrechnungen, Bd. 90 (1975), 5–23

—, Sterbeeintragungen in alten Akten des Essener Stadtarchivs, Bd. 89 (1974), 69–98

Büscher, Franz, Die Statuten der früheren Gilden, Ämter und Zünfte binnen der Stadt Essen, Bd. 8 (1884), 1–84

—, Mitteilungen aus Archiven, T. 1 und T. 2, I. Die Satzungen und Statuten der Stadt Essen, II. Plan der Beendigung des Organisationsgeschäftes und völliger Einführung der in den übrigen königlich-preußischen Staaten stattfindenden Verfassung in den ehemaligen Stiftern Essen, Werden und Elten vom 8. Mai 1803, Bd. 43 (1926), 195–277

—, Mitteilungen aus Archiven, T. 3 und T. 4, III. Die Prozeßgesetze der Stadt Essen, IV. Die Gerichtsordnungen des Stiftes Essen, Bd. 44 (1927), 145–182

—, Mitteilungen aus Archiven, T. 5, V. Die Verfassungs- und Verwaltungsordnungen der Stadt Essen, A) Die Kurordnung vom 20. Februar 1602, B) Die Ordnung und Rolle der Vierundzwanziger oder der Vorsteher der Gemeinde, C) Die Rats-Ordnung der Stadt Essen vom 19. Dec. 1722, Bd. 45 (1927), 177–212

Burghard, Hermann, »Genck ande Gylde nae alder Gewonte« – Zwei Bücher der Essener Kaufleutegilde (1442–1791), Bd. 111 (1999), 43–320

—, Das »Stahlshauss« zu Heisingen, Bd. 112 (2000), 106–127

Buttjes, Dieter; Hopp, Detlef; Leenen, Stefan, Neue Einblicke in die Geschichte des Burgplatzes, Bd. 116 (2004), 35–38

Däbritz, Walther, Aufruf zur Sammlung und Herausgabe von bildlichen Darstellungen aus dem älteren Ruhrkohlenbergbau, Bd. 39 (1921), 41–43

—, Carl Julius Schulz, der Begründer des Blechwalzwerks Schulz, Knaudt & Co., Essen, Bd. 46 (1928), 279–293

—, Die Anfänge des Essener Buchdruckes, Bd. 71 (1956), 117–131

—, Die Finanzgeschichte der Kruppschen Gußstahlfabrik unter ihrem Gründer Friedrich Krupp, Bd. 41 (1923), 3–39

—, Friedrich Grillo als Wirtschaftsführer. Vortrag, gehalten am 17. Januar 1926 aus Anlaß der Feier der 100jährigen Wiederkehr seines Geburtstages, Bd. 43 (1926), 317–333

—, Johann Wilhelmi und sein Kreis, Bd. 48 (1930), 385–419

Dausend, Hugo, Über den Thomasaltar der Essener Stiftskirche und ein ihm zugehöriges Missale, Bd. 38 (1919), 195–204

Deibl, Sandra, Die Auflösung des Beginenkonvents im neuen Hagen und ihre Folgen. Ein Beitrag zur Geschichte von Stadt und Stift Essen am Ende des 18. Jahrhunderts, Bd. 108 (1996), 61–112

Deipenbrock, Kurt, Geschichte des Oberhofes Huckarde. Ein Beitrag zur westfälischen Rechts- und Wirtschaftsgeschichte, Bd. 44 (1927), 3–100

Derks, Paul, Der Ortsname Essen. Nachtrag zu »Die Siedlungsnamen der Stadt Essen«, Bd. 103 (1989/90), 27–51

—, Die Gründungs-Überlieferung und das Alter der »neuen Kirche« S. Lucius in Werden, Bd. 110 (1998), 21–23

—, Die Siedlungsnamen der Stadt Essen. Sprachliche und geschichtliche Untersuchungen, Bd. 100 (1985), 1–241

—, Gerswid und Altfrid. Zur Überlieferung der Gründung des Stiftes Essen, Bd. 107 (1955), 3–190

—, In pago Borahtron. Zu einigen Ortsnamen der Hellweg- und Emscherzone, Bd. 99 (1984), 1–78

—, Register zu Beiträge zur Geschichte von Stadt und Stift Essen, Band 71–105, Bd. 106 (1994), 119–168

Dickhoff, Erwin, Die Entnazifizierung und Entmilitarisierung der Straßennamen. Ein Beitrag zur Geschichte der Straßenbenennung in Essen, Bd. 101 (1986/87), 77–104

—, Johann Georg Stemmer. Landrat des Kreises Essen von 1813 bis 1823, Bd. 91 (1976), 17–50

—, Peter Joseph Heyden. Der Lebensweg eines Essener Kreisgeometers, Rendanten und Kommunalpolitikers, Bd. 89 (1974), 99–125

Döring, Theo, Die Geschichte des Essener Theaters von den Anfängen bis 1892, Bd. 49 (1931), 233–341

Dörnemann, Astrid, Mies van der Rohes Verwaltungsgebäude für das Unternehmen Fried. Krupp. Mit Abb., Bd. 112 (2000), 233–291

Dösseler, Emil, Essen und der deutsche Ostseeraum zur Hansezeit. Regesten vornehmlich zur Geschichte der westfälischen Ostwanderung, Bd. 55 (1937), 5–62

Dohmen, Heinz, Historische katholische Kirchenbauten der zweiten Hälfte des 19. Jahrhunderts im heutigen Stadtgebiet von Essen, Bd. 95 (1980), 151–174

Dooren, Jan Pieter van, Kaspar Kohlhaas [Caspar Coolhaes] (1534–1615). Prediger in Essen und den Niederlanden, Bd. 95 (1980), 85–99

Draeger, Friedrich, Die ersten Eisenbahnen der Stadt Essen, Bd. 36 (1917), 183–194

Drögereit, Richard, Werden und der Heliand. Studien zur Kulturgeschichte der Abtei Werden und zur Herkunft des Heliand. Mit 19 Schrifttafeln, Bd. 66 (1950), 3–112

—, Wozu noch Geschichte und Tradition? Ein Vortrag, Bd. 91 (1976), 5–15

Eger, Anni, Urkunden des Pfarrarchivs St. Nikolaus in Essen-Stoppenberg, Bd. 81 (1965), 127–169

Eichholz, P., Ein Essener Baumeister des 12. Jahrhunderts (Henricus de Essende), Bd. 54 (1936), 11–26

Eickermann, Norbert, Zu den Carmina figurata Uffings von Werden. Mit Abb., Bd. 101 (1986/87), 1–13

Espey, Paul, Bernhard Christoph Ludwig Natorp als pädagogischer Schriftsteller, Bd. 48 (1930), 299–383

Fehse, Monika, Essener Beginen im 15. Jahrhundert – Sozialgeschichtliche Bemerkungen zum Konvent Beim Turm, Bd. 109 (1997), 249–262

Feldens, Franz, Die alten Glocken der Stadt Essen, Bd. 59 (1940), 49–119

Fest, Gabriele, Die Entwicklung der Tuch-Manufaktur im Raume Werden-Kettwig während des 18. und 19. Jahrhunderts, Bd. 93 (1978), 127–214

Feyen, Martin, Verbotene Liebe. Die Verfolgung von »Rassenschande« im Ruhrgebiet 1933–1945, Bd. 115 (2003), 99–186

Forstmann, Gustav, Eine Kindheit in Werden. Erinnerungen aus meiner Jugend, hrsg. von Hanns-Joachim Maßner, Bd. 88 (1973), 5–58

Frech, Stefan, Theodor Reismann-Grone (1863–1949). Ein radikaler Nationalist zwischen Kaiserreich und Entnazifizierung, Bd. 114 (2002), 35–57

Freitäger, Andreas, »Actum in camera scriptoria presente D. Johanne Kruyshaer«: Verwaltungshandeln im Spätmittelalter am Beispiel der Lehens- und Behandigungsprotokolle der Reichsabtei Werden, Bd. 112 (2000), 64–105

—, Bruchstücke von Werdener Urkunden aus den Bibliotheken in Essen und Münster, Bd. 108 (1996), 7–16

Fremer, Torsten, Die Essener Äbtissin Theophanu. Individualität und Selbstdarstellung im Mittelalter, Bd. 114 (2002), 11–34

Freynik, Gerd, Die sozialdemokratische Arbeiterbewegung in Essen von der Gründung des ADAV-Zweigvereins Essen bis zum Erlaß des Sozialistengesetzes (1867–1878), Bd. 98 (1983), 67–123

Fritzen, Johannes, Alte Fastnachtsbräuche in der Essener Gegend, Bd. 46 (1928), 409–417

—, Altweiberfastnacht in Werden (Ruhr), Bd. 52 (1934), 215–220

—, Eine Gebehochzeit vor 100 Jahren, Bd. 45 (1927), 301–317

—, Einiges aus dem alten Essen, I. Sprüche und Redensarten, II. Der Spion, Bd. 55 (1937), 113–151

—, Essener Volks- und Kinderreime, Bd. 49 (1931), 343–377

—, Zwischen Land und Stadt. Aus dem Leben in der rheinischen Gemeinde Altendorf um 1865–1875, Bd. 53 (1935), 99–178

Gabel, Helmut, Politische und soziale Konflikte in rheinischen und westfälischen Kleinterritorien vor dem Reichskammergericht, Bd. 103 (1989/90), 69–86

Gatz, Erwin, Die letzten Beginen im deutschen Westen, Bd. 85 (1970), 81–98

Gaul, Heinrich, Aus der Geschichte von Stadt und Stift Essen. Ein Vortrag, Bd. 83 (1968), 7–27

Gechter, Michael, Neue Ausgrabungen in der Abteikirche Essen – Werden (Vorbericht der Ausgrabungen des Jahres 1979). Mit Abb., Bd. 95 (1980), 25–29

Geuer, Franz, Der Kampf um die essendische Vogtei, Bd. 13 (1889), 103–144

—, Ein Äbtissinnenstreit im Stift Essen, Bd. 14 (1892), 47–68

—, Zur Geschichte des Stadtrates von Essen, Bd. 14 (1892), 69–97

Giese, Rudolf, Über die Essener Urkunde König Ottos I. vom 15. Januar 947, Bd. 30 (1909), 93–108

Glöckner, Erich, Die Wappen der Werdener Äbte nach der Kloster-Reformation 1474. Mit Abb., Bd. 95 (1980), 77–84

Glümer, Hans von, Der Kruppsche Bildungsverein, Bd. 50 (1932), 345–357

—, Essen zur Zeit des Großherzogtums Berg, Bd. 45 (1927), 153–176

—, Heinrich Huyssen. Ein Essener Stadtkind als Gelehrter und Diplomat im Dienste Peters des Großen, Bd. 33 (1911), 133–151

—, Preußische Werber in Essen im 18. Jahrhundert, Bd. 32 (1910), 175–191

Goossens, Heinrich, Geschichte der spanischen Einfälle in Stadt und Stift Essen am Ende des 16. und am Anfange des 17. Jahrhunderts und ihr schließlicher Einfluß auf die Essener Gegenreformation, Bd. 12 (1888), 3–91

Grevel, Wilhelm, Das Abteigebäude zu Essen und die Residenz der Fürst-Äbtissinnen, Bd. 15 (1894), 53–74

—, Das Archiv der Familie von Düngelen, Bd. 34 (1912), 113–211

—, Das Gerichtswesen im Stifte Rellinghausen von der ältesten Zeit bis zu dessen Auflösung, Bd. 1 (1881), 15–45

—, Das Militärwesen in Fürstentum und Stadt Essen bis gegen das Jahr 1550, Bd. 7 (1884), 1–26

—, Das Militärwesen in Fürstentum und Stadt Essen von Mitte des 16. bis Ende des 18. Jahrhunderts, Bd. 7 (1884), 27–50

—, Der Anfang der Reformation in der Stadt Essen, Bd. 12 (1888), 93–110

—, Der Anfang der Reformation in der Stadt Essen, Bd. 13 (1889), 97–101

—, Der Essendische Oberhof Ehrenzell (Philipsenburg). Mit Situationsplan, Bd. 3 (1881), 3–31

—, Der Reichstag zu Steele unter Kaiser Otto dem Großen im Mai 938, Bd. 11 (1887), 1–49

—, Die Anfänge der Eisenindustrie im Stift Essen (Die Gutehoffnungshütte, Aktien-Verein für Bergbau und Hüttenbetrieb, zu Oberhausen a. d. Ruhr. Geschichte der Gründung und ersten Entwickelung derselben), Bd. 2,1 (1881), 3–18

—, Die Anfänge der Gußstahl-Fabrikation im Kreise Essen, Bd. 2,2 (1881), 3–13

—, Die Anfänge der Stadt Steele, Bd. 11 (1887), 51–83

—, Die Statuten der früheren Gilden und Ämter in der Stadt Steele und im übrigen Hochstift Essen, Bd. 8 (1884), 85–107

—, Die Steeler und Schellenberger Glashütten. Nebst einem Anhang: Der »Kohlberg an der Glashütte« zu Königssteele. Ein Beitrag zur Industriegeschichte des Niederrheins, Bd. 17 (1896), 35–73

—, Die Trauung des Kurprinzen Friedrich Wilhelm von Hessen in Rellinghausen im Juni 1831, Bd. 30 (1909), 149–164

—, Dr. Karl Arnold Kortum. Beiträge zur Geschichte seines Lebens und Wirkens, I. Teil, Bd. 32 (1910), 193–212

—, Dr. Karl Arnold Kortum. Beiträge zur Geschichte seines Lebens und Wirkens, II. Teil, Bd. 33 (1911), 153–171

—, Dr. Karl Arnold Kortum. Beiträge zur Geschichte seines Lebens und Wirkens, III. Teil, Bd. 35 (1913), 161–223

—, Elsabetha, geborene Gräfin von Manderscheidt und Blankenheim, Fürst-Äbtissin des Stiftes Essen von 1575–1578, Bd. 13 (1889), 3–96

—, Nikolaus Kindlinger. Beiträge zu seiner Lebensgeschichte und Mitteilung von Originalbriefen, Bd. 33 (1911), 173–187

—, Übersicht der Geschichte des Landkreises Essen, Bd. 6 (1883), 1–92

—, Vier Briefe von Nikolaus Kindlinger an den Pfarrer Joh. Friedr. Möller in Elsey. Nach den Originalen mitgeteilt, Bd. 30 (1909), 109–133

—, Zur Geschichte der Gewehrfabrikation in Essen, Bd. 30 (1909), 197–204

—, Zur Geschichte des Kohlenbergbaues bei Essen, Bd. 30 (1909), 205–209

—, Zwei Denkschriften von Dr. W. Harleß über das Verhältnis von Rellinghausen und Bifang zum Stift Essen und dessen Bergregal, Bd. 33 (1911), 77–132

Hantsche, Irmgard, Die Veränderung der politischen Landkarte am Niederrhein im Zeitalter der Französischen Revolution. Mit Kartenabb., Bd. 103 (1989/90), 87–117

Heid, Ludger, Lazar Finger – Österreicher, Deutscher, Ostjude, Bd. 99 (1984), 215–238

Heidemann, Julius, Die Beguinenconvente Essens. Nach den Urkunden bearbeitet, Bd. 9 (1886), 3–195

—, Empfang der Fürstin Franziska Christina in Essen am 6. Juni 1727, Bd. 4 (1881), 11–23

Heinemann, Salomon, Das eheliche Güterrecht im alten Essen, Bd. 32 (1910), 125–142

Held, Heinz Joachim, Zuflucht unter den Trümmern der Reformationskirche – Hilfe für jüdische Mitbürger in letzter Stunde. Zugleich eine persönliche Erinnerung an den Essener Pfarrer Johannes Böttcher und seinen jüdischen Freund Josef Anschel, Bd. 115 (2003), 187–251

Hengsbach, Franz, Kein Fortschritt ohne Vergangenheit, Bd. 95 (1980), 7–8

Herzog, Bodo, Eberhard Pfandhöfer. Zu seinem 225. Geburtstag am 15. September 1968, Bd. 83 (1968), 55–80

Hirschmann, Stefan, Friedrich Hugenpoet – Ein Schreiber und Illuminator aus der Benediktinerabtei Werden, Bd. 110 (1998), 25–38

Hoederath, Hans Theodor, Das Rellinghauser Land- und Stoppelrecht. Ein Beitrag zur westfälischen Rechtsgeschichte, Bd. 46 (1928), 329–407

—, Die geistlichen Richter der Fürstäbtissinnen von Essen, Bd. 45 (1927), 129–151

—, Die Landeshoheit der Fürstäbtissinnen von Essen, ihre Entstehung und Entwicklung bis zum Ende des 14. Jahrhunderts, Bd. 43 (1926), 145–194

—, Die Religionsordnungen der Fürstäbtissin Maria Clara von Spaur, Bd. 48 (1930), 279–297

—, Die Wahlkapitulationen der Fürstäbtissinnen von Essen (1370–1726), Bd. 44 (1927), 101–143

—, Georg Humanns Schriften, Bd. 50 (1932), VI-VIII

—, Konrad Ribbecks Schriften, Bd. 48 (1930), 15–21

Höfken, Günter, Aus der Geschichte des Deutzer Oberhofes Schulte-Herveling in Leithe (zugleich ein Beitrag zur Geschichte des Adelsgeschlechts von der Leithen), Bd. 55 (1937), 69–112

—, Wo lag der Essener Oberhof Maggeren der Limburger Rolle?, Bd. 81 (1965), 35–42

Höroldt, Dietrich (Bearb.), Urkundenbuch der lutherischen Gemeinde Königssteele 1517–1816, Bd. 93 (1978), 21–49

Holbeck, Wilhelm, Zur mittelalterlichen Verfassungs- und Wirtschaftsgeschichte des Kanonichenkapitels am hochadligen Damenstift Essen bis 1600, Bd. 38 (1919), 117–178

Holzborn, Rainer Michael, Zur Geschichte der psychiatrischen Anstalten in Essen, Bd. 88 (1973), 59–140

Hommen, Carl Bertram, Die Papiermühle in Brohl am Rhein, 1792 von P. J. van der Muelen aus Utrecht gegründet, Bd. 96 (1981), 23–62

Hopp, Detlef, Archäologische Zeugnisse mittelalterlichen Bergbaus, Bd. 116 (2004), 39–41

—, Archäologie an der Kreuzeskirche, Bd. 116 (2004), 42–44

—, Altsteinzeitliche Fundplätze in Essen. Mit Abb., Bd. 110 (1998), 9–19

—, Berichte zu archäologischen Beobachtungen in Essen. Mit Abb., Bd. 105 (1993), 5–29

—, Berichte zu archäologischen Beobachtungen in Essen. 1. Essens ältestes Bauwerk: Die Steinkiste in Kupferdreh, 2. Ausgrabungen auf der Alteburg 1992, 3. Ausgrabungen im Kreuzgang des Essener Münsters, 4. Mittelalterliche Spuren im Zwölfling, 5. Das Gräberfeld der Marktkirche. Ausgrabungen im Herbst 1993. 2. Vorbericht, 6. Archäologische Beobachtungen auf dem Gelände der ehemaligen Sternbrauerei, 7. Archäologische Beobachtungen in der Leinewebergasse in Werden, 8. Katalog vorgeschichtlicher Fundstellen in Essen, Bd. 106 (1994), 75–117

Hopp, Detlef; Khil, Bianca, Berichte zu archäologischen Beobachtungen. 1. Metallzeitliche Hügelgräber in Essen-Haarzopf, Kurzkatalog der Befunde und Funde, 2. Eine mittelalterliche und neuzeitliche Hofstelle in Essen-Borbeck, 3. Von der Stadtbibliothek in die Vorgeschichte, Bd. 114 (2002), 157–167

—, Berichte zu archäologischen Beobachtungen. 1. Neues über alte Gräber in der Münsterkirche, Katalog der beschriebenen Gräber, 2. Archäologische Spuren des mittelalterlichen Vollmer-Hofes in Huttrop (Arbeitsbericht), 3. Einige bedeutende Funde aus der Neukircher Mühle in Werden, Bd. 115 (2003), 9–22

Hopp, Detlef; Parakenings-Bozkurt, Birgit, Ausgrabungen im historischen Kern Essens. Mit Abb., Bd. 106 (1994), 41–73

Hopp, Detlef; Scheer, Udo; Stottrop, Ulrike, Mooreichen-Funde in Essen-Heisingen, Bd. 116 (2004), 32–34

Horstkötter O. Praem., Ludger, Die alte Schule in Essen-Frintrop und das Jahrgedächtnis der Essener Äbtissin Schwanhild in der Pfarrkirche St. Dionysius zu Essen-Borbeck (1808–1913), Bd. 116 (2004), 45–97

Hübinger, Paul Egon, 1100 Jahre Stift und Stadt Essen. Festvortrag bei der 1100-Jahrfeier der Stadt Essen am 9. Mai 1952, Bd. 68 (1952), 1–30

Hüsgen, Kurt, Die militärische Vertretung des Stiftes Essen durch Brandenburg-Preußen im 17. und 18. Jahrhundert, Bd. 30 (1909), 1–92

—, Maximes de Conduite. Ein Beitrag zur Geschichte der höheren Mädchenbildung in Stadt und Stift Essen im 18. Jahrhundert, Bd. 34 (1912), 285–308

Humann, Georg, Aus alten Schellenberger Tagen, Bd. 46 (1928), 419–424

—, Die ehemaligen Abteigebäude zu Essen, Bd. 15 (1894), 75–85

—, Ein Schwert mit byzantinischen Ornamenten im Schatze des Münsters zu Essen, Bd. 20 (1900), 3–28

—, Gegenstände orientalischen Kunstgewerbes im Kirchenschatz des Münsters zu Essen, Bd. 18 (1898), 3–17

—, Karolingisch-frühromanische Baukunst in Essen, Bd. 42 (1924), 3–54

Ilisch, Peter, Die Werdener Münzprägung zwischen Westfalen und dem Rheinland. Mit Abb., Bd. 95 (1980), 3–75

Imme, Theodor, Alte Sitten und Bräuche im Essenschen, I. Die Hochzeit, Bd. 34 (1912), 213–255

—, Alte Sitten und Bräuche im Essenschen, II. Geburt und Kindheit, Bd. 35 (1913), 303–373

—, Alte Sitten und Bräuche im Essenschen, III. Nachbarschaftswesen und Totenbräuche, I. Teil: Das Nachbarschaftswesen, Bd. 37 (1918), 195–256

—, Alte Sitten und Bräuche im Essenschen, III. Nachbarschaftswesen und Totenbräuche, II. Teil: Die Totenbräuche und der damit zusammenhängende Volksglaube, Bd. 39 (1921), 5–35

—, Die Ortsnamen des Kreises Essen und der angrenzenden Gebiete, Bd. 27 (1905), 3–72

Ismer, Oscar, Der Dreißigjährige Krieg als Ursache des wirtschaftlichen Niederganges und der Verschuldung der Stadt Essen vom 17. bis um die Mitte des 19. Jahrhunderts, Bd. 36 (1917), 3–133

Jacquart, Joseph, Der Essener Bürgermeister Jonas von Basserodt (1602–1633). Seine Heimat, seine Familie, sein Werk, Bd. 79 (1963), 33–50

Jahn, Robert, Das Essener Stadtarchiv, Bd. 61 (1941), 19–43

—, Der Hoftag König Ottos I. bei Steele im Mai 938, Bd. 56 (1938), 7–90

—, Der holländische Seeheld Jan van Galen aus Essen 1604–1653, Bd. 69 (1953), 97–110

—, Die ältesten Sprach- und Literaturdenkmäler aus Werden und Essen, Bd. 60 (1940), 9–142

—, Ein kritischer Streifzug durch das Kartenwerk des Claudius Ptolemäus, Bd. 57 (1938), 21–38

—, Wandlungen Essens im geistigen Raum, Bd. 62 (1947), 11–30

—, Zur Deutung des Ortsnamens Essen, Bd. 52 (1934), 203–208

Jahn, Robert; Mews, Karl, Inhaltsverzeichnis der Beiträge zur Geschichte von Stadt und Stift Essen, Heft 1–60, Bd. 60 (1940), 295–308

Jammers, Ewald, Die Bedeutung der Handschriften Düsseldorf D 1–3 aus Essen für die Musik- und Geisteswissenschaft, Bd. 67 (1952), 5–21

Jankrift, Kay Peter, »Myt dem Jammer der Pestilentz beladen« – Seuchen und die Versorgung Seuchenkranker in Essen vom späten Mittelalter bis zum Beginn der frühen Neuzeit, Bd. 111 (1999), 20–42

Janssen, Walter, Die germanische Siedlung von Essen-Hinsel. Vorbericht über die Grabung 1966. Mit Abb. und Ktn., Bd. 83 (1968), 29–53

Kahn, Josef, Drei alte Borbecker Kirchenregister (1447, 1627, 1657), Bd. 46 (1928), 307–328

—, Urkunden der Vikarie B.M.V. zu Borbeck aus der Zeit von 1655 bis 1724, Bd. 45 (1927), 213–273

Kahrs, Ernst, Aus Essens Vor- und Frühgeschichte, Bd. 64 (1949), 7–78

Kahsnitz, Rainer, Die Essener Äbtissin Svanhild und ihr Evangeliar in Manchester. Mit Abb., Bd. 85 (1970), 13–80

Kamp, Max van de, Das niedere Schulwesen in Stadt und Stift Essen bis 1815, Bd. 47 (1930), 121–225

—, Die Organisation der Essener Volksschule von 1815–1850, Bd. 52 (1934), 169–201

Karsch, Johannes, Das Stift Rellinghausen in den letzten Jahrzehnten des 16. Jahrhunderts. Ein lokalgeschichtliches Zeitbild, Bd. 14 (1892), 3–35

—, Geschichte der evangelischen Gemeinde Rellinghausen, Bd. 10 (1886), 3–109

—, Verzeichnis der Pröpstinnen und Dechantinnen des kaiserlich freiweltlichen adligen Damenstifts Rellinghausen, Bd. 14 (1892), 35–46

—, Zur Geschichte des Stiftes Rellinghausen im Zeitalter des 30jährigen Krieges, Bd. 4 (1881), 24–43

Katzor, Horst, Zum Geleit, Bd. 95 (1980), 5–6

Keußen, Hermann, Ein Werbebrief für das Essener Gymnasium aus dessen Stiftungsjahr 1545. Verfaßt vom ersten Rektor Bonifaz Helphricht, Bd. 34 (1912), 309–311

Kirchner, Bernhard, 10 Jahre Magistratsgericht Essen 1658–1668. Forschungsergebnisse aus dem Stadtarchiv Essen, Bd. 57 (1938), 39–140

—, Rechtswesen und Rechtsbräuche in der Stadt Essen während des 16. und 17. Jahrhunderts. Forschungsergebnisse aus dem Stadtarchiv Essen, Bd. 60 (1940), 143–237

Kirchner, Bernhard; Eger, Anni, Heinrich Kaufmanns Annotationsbuch, Bd. 67 (1952), 137–221

Kirrinnis, Herbert, Zur Erinnerung an Fritz Gause, Bd. 89 (1974), 127–133

Klein, Käthe, Die Baedeker-Zeitung und ihre Vorgängerin in Essen (1738–1848), Bd. 45 (1927), 3–127

Klinkhammer, Karl Joseph, Ein Ablaßbrief für die Essener Münsterkirche aus dem Jahre 1319, Bd. 81 (1965), 171–196

Koerner, Andreas, Die Phoenixhütte in Borbeck 1847–1926, Bd. 109 (1997), 9–54

Krägeloh, Konrad, Die Lehnkammer des Frauenstifts Essen. Ein Beitrag zur Erforschung des Essener Kanzleiwesens, Bd. 48 (1930), 99–278

—, Urkundliche und statistische Unterlagen der Abhandlung: Die Lehnkammer des Frauenstifts Essen, Bd. 58 (1939), 5–171

Kraft, Fritz Gerhard, Bürger, Häuser und Straßen in Essen zu Anfang des 19. Jahrhunderts, Bd. 51 (1933), 1–208

Krawehl, Otto-Ernst, Die Essener Wollhandlung Wilhelm & Conrad Waldthausen unter ihrem ersten Inhaber Johann Conrad Waldthausen (1820–1836), Bd. 116 (2004), 99–147

Krogmann, Willy; Jahn, Robert, Noch einmal die Heimatfrage des »Heliand«, Bd. 61 (1941), 79–84

Krüger, Norbert, Die Luftangriffe auf Essen 1940–1945. Eine Dokumentation, Bd. 113 (2001), 159–328

Küpper, Friedrich, 1929, Essen faßt jenseits der Ruhr Fuß. Das »Gesetz über die kommunale Neugliederung des rheinisch-westfälischen Industriegebiets« 1929 in der Sicht aus der ehemaligen Stadt Werden und der Gemeinde Werden-Land, Bd. 94 (1979), 153–209

Küppers-Braun, Ute, Zwangstaufen, Kindesentführung und Tumulte bei Beerdigungen. Stift und Stadt Essen in der ersten Hälfte des 18. Jahrhunderts, Bd. 115 (2003), 23–65

Kuhlendahl, Alfred, Die Einführung der Reformation und die Geschichte der ersten deutsch-reformierten Gemeinde 1563–1571 in der Stadt Essen, Bd. 54 (1936), 27–119

Lange, Joseph, Die Lebensmittelversorgung der Stadt Essen während des Krieges, Bd. 53 (1935), 179–285

Lantermann, Friedrich W., Essener Filmtheater. Von den Anfängen bis zum Jahre 1939, Bd. 104 (1991/92), 123–234

Leenen, Stefan, Gräber, Gruben und Gewölbe. Archäologie im Bereich der Marktkirche in Essen. Mit Abb., Bd. 113 (2001), 9–91

Lehnhäuser, Anton, Das alte Markenbuch der Bauerschaften Hinsel und Holthausen (Überruhr), Bd. 46 (1928), 294–306

—, Das Steeler Bürgerbuch, Bd. 56 (1938), 213–246

—, Die Münzen des Hochstiftes Essen. Mit 3 Tafeln, Bd. 49 (1931), 1–48

—, Die Ostgrenze des Stifts Essen. Grenzstreitigkeiten, insbesondere mit der Grafschaft Mark, Bd. 59 (1940), 5–47

—, Die Verlegung des Reichsstifts Thorn nach Steele, Bd. 52 (1934), 209–214

Lindenlaub, Jürgen; Köhne-Lindenlaub, Renate, Unternehmensfinanzierung bei Krupp. 1811–1848. Ein Beitrag zur Kapital- und Vermögensentwicklung, Bd. 102 (1988), 83–164

Löwe, Richard, Volkskirche im zweiten Weltkrieg. Die Essen-Wester Kirchenchronik 1939–1945. Hrsg. von Hanns-Joachim Maßner, Bd. 90 (1975), 51–168

Lohmann, Friedrich Wilhelm, Äbtissin Anna Salome von Salm-Reifferscheidt und Stift und Stadt Essen zur Zeit ihrer Wahl (1646), Bd. 45 (1927), 275–287

—, Alte Kirchenbücher im Essener Stift, Bd. 45 (1927), 289–299

—, Die Flüchtlinge der Französischen Revolution im Stifte Essen, Bd. 46 (1928), 233–278

—, Eine alte Bruderschaft in den Dekanaten Wattenscheid und Essen (Kaland, erneuert 1326), Bd. 48 (1930), 51–97

Loo, Leo van de, Eickenscheidt. Zur Geschichte des Oberhofes, des Hofes und seiner Unterhöfe sowie der aufsitzenden Familien, zugleich ein Beitrag zur Gründungsgeschichte Essens und zur Geschichte des Essener Bauerntums, Bd. 56 (1938), 91–211

—, Register zu Heft 1–70. Bd. 72 (1957), 1–118

—, Wie wurde die Abtei Asnide (Essen) widukindisches und danach liudolfingisch-ottonisches Familienkloster? (Ein Beitrag zur Reihenfolge und Geschichte der ältesten Essener Äbtissinnen), Bd. 71 (1956), 133–141

Lorenz, Raimund, Schienenfahrzeugbau in Essen von Krupp bis Siemens, Bd. 116 (2004), 273–306

Lundt, Bea, Männer und Frauen in der Stadt. Anregungen zum Schülerwettbewerb des Historischen Vereins Essen, Bd. 116 (2004), 349–361

Luther, Hans, Zusammenbruch und Jahre nach dem ersten Krieg in Essen. Erinnerungen des Oberbürgermeisters, Bd. 73 (1958), 5–138

Maßner, Hanns-Joachim, Die Adolphistiftung (Waisenhausstiftung) der evangelischen Kirchengemeinde Essen-Altstadt, Bd. 85 (1970), 167–200

—, Eine Werdener Bürgerliste des 17. Jahrhunderts (Stadtarchiv Essen, Bestand Werden IV 2,1, Kriegskontributionen 1616), Bd. 81 (1965), 7–34

—, Gemeindediakonie in Werden gestern und heute. Festvortrag, gehalten bei der Einweihung des Evangelischen Krankenhauses in Essen-Werden am Mittwoch, dem 14. November 1973, Bd. 89 (1974), 53–67

—, Hundert Jahre Historischer Verein für Stadt und Stift Essen 1880–1980, Bd. 95 (1980), 11–24

—, In Memoriam Otto Bartels (Jan Bart), Bd. 94 (1979), 211–212

—, Kirchenkampf und Widerstand in den evangelischen Kirchengemeinden Groß-essens in den Jahren 1932 bis 1945 nach den Presbyteriumsprotokollen, Bd. 96 (1981), 99–153

—, Losscheine und Kirchenzeugnisse des 19. Jahrhunderts aus der evangelischen Kirchengemeinde Essen-Rellinghausen, Bd. 93 (1978), 51–125

Matschoß, Conrad, Franz Dinnendahl. Das Lebensbild eines deutschen Kunstmeisters, Bd. 26 (1905), 3–52

Matthias, Ernst, Der Essener Oberhof Brockhausen. Ein Beitrag zur westfälischen Wirtschaftsgeschichte, Bd. 33 (1911), 3–75

Meisenburg, Friedrich, Alte Kesselhaken im Essener Heimatmuseum, Bd. 62 (1947), 99–112

—, Alte Waffeleisen im Essener Heimatmuseum. Ein Beitrag zur Volkskunde des Ruhrgebietes, Bd. 61 (1941), 45–54

—, Die »Essener Volks-Halle«, eine demokratische Zeitung aus den Jahren 1849–1850, Bd. 69 (1953), 3–96

—, Die Cholera in Essen im Jahre 1866, Bd. 70 (1955), 71–91

—, Die Stadt Essen in den Revolutionsjahren 1848–1849, Bd. 59 (1940), 121–274

Mews, Karl, 50 Jahre Historischer Verein für Stadt und Stift Essen, Bd. 48 (1930), 1–13

—, Die Essener Marktkirche. Ein Gedenkwort zur 400-Jahr-Feier der Reformation in Essen 1963, Bd. 78 (1962), 5–17

—, Dr. Ernst Christian Justus Kahrs †, Bd. 64 (1949), 4–5

—, Dr. Franz Wilhelm Flashoff. Fürstlicher Hofapotheker und Preußischer Kommissionsrat. Essen 1771–1837. Mit Abb., Bd. 77 (1961), 3–43

—, Dr. Th. Reismann-Grone. Gedenkworte zum 100jährigen Geburtstag Reismann-Grones († 1949) am 30. September 1963, Bd. 79 (1963), 5–32

—, Epilog zum Sterben von Bergbau- und Stahlunternehmen im Essener Raum, Bd. 83 (1968), 87–101

—, Ernst Waldthausen (1811–1883). Ein Beitrag zur rheinisch-westfälischen Wirtschaftsgeschichte, Bd. 41 (1923), 40–52

—, Essen als Familiennamen im Ostseeraum zur Hansezeit, Bd. 55 (1937), 63–67

—, Essen im Ausgang des 19. Jahrhunderts, Bd. 65 (1950), 13–32

—, Essener Geschichtsschreibung und ihre Aufgaben für die Zukunft, Bd. 61 (1941), 5–17

—, Friedrich Grillo und Neuschottland, Bd. 70 (1955), 55–69

—, Georg Humann, Bd. 50 (1932), I–V

—, Geschichte der Essener Gewehr-Industrie. Ein Beitrag zur Geschichte der rheinisch-westfälischen Industrie, Bd. 31 (1909), 3–95

—, Haßlinghauser Hütte-Neuschottland-Dortmunder Union-Eisenwerk Steele. Ein Jahrhundert Werksgeschichte 1856–1956, Bd. 71 (1956), 3–57

—, Heinrich Arnold Huyssen (4.7.1779–6.10.1870), Bd. 85 (1970), 221–236

—, Heinrich Heintzmann, 1778–1858. Ein Bergmanns- und Beamtenleben, Bd. 48 (1930), 421–447

—, Heinz Kunolt, Bd. 54 (1936), 5–9

—, Nürnberger Tage. Zur 100-Jahr-Feier des Gesamtvereins der deutschen Geschichts- und Altertumsvereine und des Germanischen National-Museums, Bd. 69 (1953), 111–117

—, Otto Krawehl, Bd. 55 (1937), 171–180

—, Rückblick — Ausblick, Bd. 62 (1947), 5–9

—, Stadt und Stift Essen in den Berichten von Geographen und Reisenden vergangener Zeiten, Bd. 34 (1912), 257–284

—, Vier Jahrhunderte Essener Apothekenwesens, Bd. 74 (1958), 3–67

—, Vom 60. zum 70. Geburtstag, Bd. 65 (1950), 3–11

—, Zum 60jährigen Bestehen des Historischen Vereins, Bd. 60 (1940), 5–7

—, Zum 75jährigen Bestehen des Historischen Vereins 1880–1955, Bd. 70 (1955), 3

Meyer, Heinz, Die Persönlichkeit und die Bedeutung des Essener Arztes Georg Florenz Heinrich Brüning, Bd. 74 (1958), 69–109

Michels, Franz, Huttrop. Zur Geschichte der Großbauerschaft und des Hofes, Bd. 50 (1932), 1–260

Mischell, Alexia, Der Haushalt des Essener Damenkapitels von 1550 bis 1648, Bd. 38 (1919), 1–115

Möllers, Paul, Das »Essener Volksblatt« als Organ des Deutschen Vereins im Kulturkampf 1875–1876, Bd. 70 (1955), 93–106

Müller, Helmut, Der Urkundenbestand des Archivs Achtermberg im Gesamtarchiv von Wendt (Crassenstein). Mit Siegelabbildungen, Bd. 87 (1972), 145–286

—, Die Gasbeleuchtungsanlage Dinnendahls und Flashoffs, Bd. 83 (1968), 81–86

—, Die Reformation in Essen, Bd. 84 (1969), 3–202

—, Essener Geschichtsschreibung und Forscher früherer Jahrhunderte. Neue Forschungsergebnisse, Bd. 82 (1966), 3–99

Müllers, Friedrich, Die Marmorsäule in der Münsterkirche zu Essen, Bd. 1 (1881), 11–14

Nagel, Rolf, Das Wappen des Ruhrbischofs Franz Kardinal Hengsbach. Mit Abb., Bd. 103 (1989/90), 175–178

—, Heraldische Sonderformen. Oberwappen, Kleines Wappen und Allianzwappen als Städtische Zeichen. Mit Abb., Bd. 99 (1984), 239–243

Neumann, Heinz, 80 Jahre Postamt am Hauptbahnhof. Ein Beitrag zur Geschichte der Post in Essen, Bd. 99 (1984), 79–213

—, Zur Geschichte der Post in Katernberg, Bd. 95 (1980), 225–248

Neumann, Wilhelm, Vom Bombenkrieg und seinen Folgen, Bd. 65 (1950), 33–41

Niederau, Kurt, Der Nachlaß einer Rellinghauser Pröpstin, Bd. 98 (1983), 15–24

Niethammer, Lutz, Ernst Schmidt zum 80. Geburtstag, Bd. 116 (2004), 7–17

Nitsche, Ulrich, Die Nahrungsmittelversorgung der Arbeiterschaft in der Zeit der Rationierung 1914–1922, dargestellt am Beispiel der Fried. Krupp AG, Essen, Bd. 109 (1997), 117–239

Ocklenburg, Ulrich, Neue Baubefunde an der Ludgeruskirche in Essen-Werden. Mit Abb., Bd. 111 (1999), 15–19

Ostheide, Albert, Medizinisches aus einer Handschrift in Essen a. d. Ruhr, Bd. 29 (1907), 127–135

Overmann, Karl, Die Geschichte der Essener höheren Lehranstalten im 17. und 18. Jahrhundert mit besonderer Berücksichtigung des Evangelisch-Lutherischen Gymnasiums und seines Direktors Johann Heinrich Zopf. Mit einem Bildnis Zopfs, Bd. 46 (1928), 3–196

Peres, Wolfgang Eduard, Die Familie Peres in Essen von 1625–1850, Bd. 87 (1972), 287–332

Petry, Manfred, Von Avignon bis Zwolle. Aus den großen Prozessen des Stiftes Essen im Mittelalter, Bd. 95 (1980), 31–62

—, Zur älteren Baugeschichte des Essener Münsters, Bd. 98 (1983), 1–14

—, Zur Goldenen Bulle Kaiser Karls IV. für das Stift Essen, Bd. 93 (1978), 7–19

Potthoff, Ludwig, Das Grabmal der Äbtissin Elisabeth von Berg in der Münsterkirche zu Essen, Bd. 62 (1947), 85–97

Przigoda, Stefan, Friedrich Hammacher und der Bergbau-Verein, Bd. 116 (2004), 149–170

Püttmann, Josef, Anton Grymholt, Abt der Reichsabtei Werden an der Ruhr am Beginn der Neuzeit (1484–1517), Bd. 94 (1979), 5–67

Quint, Fritz, 50 Jahre Bergbau, vom Kumpel gesehen, Bd. 61 (1941), 55–77

Radday, Yehuda T.; Hommen, Carl Bertram, Die Grabmale von Burg Rheineck. Zur Geschichte des ehemaligen Ländchens Breisig und der früheren Herrschaft Rheineck, Bd. 97 (1982), 1–91

Raesfeld, Werner von, Die Wehrmachtkommandantur Essen von 1943 bis 1945, Bd. 67 (1952), 259–270

Regul, Jürgen, Grußwort, Bd. 95 (1980), 9

Reismann-Grone, Theodor, Die Geographie des Ptolemäos für Niederrhein-Westfalen, Bd. 57 (1938), 5–20

Ribbeck, Konrad, Zur Kultur- und Wirtschafts-Geschichte des Stiftes Essen im Mittelalter, Bd. 48 (1930), 23–50

—, Die Schulordnung des Essener lutherischen Gymnasiums vom Jahre 1737, Bd. 42 (1924), 55–67

—, Ein Essener Necrologium aus dem 13. und 14. Jahrhundert, Bd. 20 (1900), 29–135

—, Geschichte des Essener Gymnasiums, I. Teil bis 1564, Bd. 16 (1896), 1–111

—, Geschichte des Essener Gymnasiums, II. Teil: Die lutherische Stadtschule 1564–1611, Bd. 19 (1898), 1–73

—, Katharina von Tecklenburg, eine Essener Äbtissin am Vorabende der Reformation, Bd. 30 (1909), 165–189

—, Übersicht über die Verfassung der Stadt Essen bis zum Untergange der städtischen Selbständigkeit, Bd. 22 (1902), 15–28

—, Zu Wilhelm Grevels 80. Geburtstag (mit einem Verzeichnis seiner Schriften), Bd. 36 (1917), I–VIII

—, Zum Gedächtnis von Franz Arens, Bd. 39 (1921), 36–40

Rieker, Yvonne, »Eigen« und »Fremd« zugleich. Das Ruhrgebiet und die süditalienischen Arbeitsmigranten, Bd. 114 (2002), 213–238

Rißmann-Ottow, Guido, Wilhelm Pawlik – Ein Pionier im Dschungel. Der erste Vorsitzende der Gewerkschaft Handel, Banken und Versicherungen kam aus Essen, Bd. 110 (1998), 135–154

Roseman, Mark, Ein Mensch in Bewegung. Dore Jacobs (1894–1978), Bd. 114 (2002), 73–108

Rosenkranz, Albert, Heinrich Barenbroch, Bd. 78 (1962), 18–69

Rotscheidt, Wilhelm, Heinrich Kaufmanns Essener Chronik bis zum Jahre 1665, Bd. 50 (1932), 261–342

—, Studierende aus Essen und Umgegend, I. Teil, Bd. 36 (1917), 205–211

Samuel, Salomon, Geschichte der Juden in Stadt und Stift Essen bis zur Säkularisation des Stifts (1291–1802), Bd. 26 (1905), 53–163

Schäfer, Karl Heinrich, Geschichte des Oberhofes Eickenscheidt im Gebiete der gefürsteten Reichsabtei Essen. Mit besonderer Rücksicht auf die rechtlichen und wirtschaftlichen Verhältnisse, 1 Karte, Bd. 32 (1910), VI, 1–123

—, Plünderungszüge der spanischen Soldateska ins Kirchspiel Steele während der Jahre 1586 und 1587, Bd. 30 (1909), 191–195

Schäfer, Karl Heinrich; Arens, Franz, Urkunden und Akten des Essener Münsterarchivs, Bd. 28 (1906), 3–348

Schellbach, Siegfried, Die älteren Kirchenbücher der evangelischen Gemeinden von Essen und Rellinghausen, Bd. 44 (1927), 188

Schennen, Albrecht, Zur Frühgeschichte der Essener Krankenhäuser im 19. Jahrhundert, Bd. 85 (1970), 99–166

Schilp, Thomas, Gründung und Anfänge der Frauengemeinschaft Essen, Bd. 112 (2000), 30–63

Schmidt, Ernst, 11. Mai 1952. Der Tod eines Demonstranten in Essen, Bd. 114 (2002), 109–154

—, Der Ingenieur Hermann Will und seine Erlebnisse während der NS-Zeit bei Krupp in Essen, Bd. 116 (2004), 307–318

—, März 1945: Die Bluttat im Montagsloch, Bd. 112 (2000), 203–217

Schmidt, Ferdinand, Die Wahl der Gräfin Elisabeth vom Berge zur Fürstäbtissin des Reichsstifts Essen im Jahre 1605, Bd. 35 (1913), 71–160

—, Kindlinger als Essener Stifts-Archivar (1794–1802), Bd. 46 (1928), 197–232

Schmitz, Hubert, Ausgewählte Kapitel aus der Lebensmittelversorgung der Stadt Essen in der Kriegs- und Nachkriegszeit, Bd. 54 (1936), 121–168

—, Lebensmittelkarten der Stadt Essen in der Kriegs- und Nachkriegszeit, Bd. 58 (1939), 173–202,

—, Theodor Imme und sein Wirken, Bd. 55 (1937), 153–170

Schnütgen, Alexander, Heimatklänge, Bd. 37 (1918), 3–83

Schreiber, Hans-Jürgen, Bergarbeiterbewegung in Altenessen. Von den Anfängen bis zur Gründung der Massengewerkschaften, Bd. 109 (1997), 55–115

Schröder, Ernst, Die Entwicklung der Kruppschen Konsumanstalt. Ein Beitrag zur Essener Sozial- und Wirtschaftsgeschichte, Bd. 92 (1977), 5–96

—, Karl Mews (15.12.1884–29.7.1973). Ein Lebensbild, Bd. 89 (1974), 5–33

—, Krupp und die Entstehung des Ruhrreviers, Bd. 70 (1955), 5–22

—, Neue Beiträge zur Biographie Erich Zweigerts,. Bd. 93 (1978), 215–227

—, Otto Wiedfeldt. Eine Biographie, Bd. 80 (1964), 3–200

—, Otto Wiedfeldt als Politiker und Botschafter der Weimarer Republik. Eine Dokumentation zu Wiedfeldts 100. Geburtstag am 16. August 1971, Bd. 86 (1971), 157–238

—, Um Zweigerts Nachfolge. Die Wahl Wilhelm Holles zum Essener Oberbürgermeister im Jahre 1906, Bd. 90 (1975), 25–50

—, Von Holle zu Luther. Der Essener Oberbürgermeisterwechsel im ersten Weltkrieg, Bd. 95 (1980), 249–278

—, Zur Erinnerung an Friedrich Meisenburg, Bd. 83 (1968), 111–127

Schröder, Ernst August, Von den Wehen in der Geburtsstunde des Luftverkehrs, Bd. 104 (1991/92), 101–122

Schröder, Ferdinand, Aus dem mittelalterlichen Essen, Bd. 17 (1896), 3–33

—, Briefe des Freiherrn Clemens von Asbeck an seine Braut und Gattin, Bd. 36 (1917), 135–154

—, Das Essener Stadtschreiberbuch des 15. und 16. Jahrhunderts 1467–1540, Bd. 22 (1902), 29–201

—, Der Oberhof Fronhausen an der Lahn, Bd. 49 (1931), 49–87

—, Erinnerungen eines alten Esseners (Lebenserinnerungen des Wilhelm Schroeder, Lehrer an den Gymnasien Essen und Cleve), Bd. 47 (1930), 227–263

—, Maria Kunigunde von Sachsen, die letzte Äbtissin von Essen, Bd. 29 (1907), 1–47

—, Sittliche und kirchliche Zustände Essens in der ersten Hälfte des 16. Jahrhunderts, Bd. 18 (1898), 96–130

—, Städtische Gesetze und Verordnungen des 15. und 16. Jahrhunderts, Bd. 20 (1900), 137–170

—, Zur Geschichte Meinas von Oberstein, Bd. 15 (1894), 87–110

Schröder, Inge, Die älteste Volksschule in Essen. Ein Vortrag, Bd. 85 (1970), 201–220

—, Die Essener Volksschulen von 1850 bis zur Gegenwart. Ihre Namen, ihre Lage, ihre Grundstücke, Bd. 91 (1976), 51–152

—, Haarzopf, Bd. 81 (1965), 43–125

Schröder, Johannes, Die Entflechtung der Firma Krupp nach dem zweiten Weltkrieg. Persönliche Erinnerungen, Bd. 89 (1974), 35–52

Schröter, Hermann, Das Bürgerbuch der Stadt Essen, Bd. 81 (1965), 197–304

—, Die Geburtsbriefe des Essener Stadtarchivs, Bd. 78 (1962), 70–99

—, Hans Theodor Hoederath. Ein Nachruf, Bd. 83 (1968), 103–110

Schulte, Eduard, Die Werdener Familie Godefridi und Stock, Bd. 95 (1980), 101–142

Schulte, Heinz, Zwischen Krieg und Frieden – Essen im Jahre 1945, Bd. 98 (1983), 125–137

Schumacher, Erich, Die Bronzezeit im westlichen Industriegebiet, Bd. 103 (1989/90), 8–26

—, Die Essener Stadttore. Mit Abb., Bd. 101 (1986/87), 15–25

—, Dr. Gerhard Bechthold, Bd. 103 (1989/90), 1–7

—, Ein germanischer Eisenverhüttungsplatz in Essen-Überruhr. Mit Abb., Bd. 85 (1970), 5–12

—, Ernst Kahrs, der erste Direktor des Ruhrlandmuseums, Bd. 94 (1979), 129–151

Seemann, Otto, Der Bauernsturm von 1662, Bd. 1 (1881), 3–11

—, Die Äbtissinnen von Essen. Nach dem Brüsseler Katalog mit Varianten und Anmerkungen, Bd. 5 (1883), 1–44

—, Noch einmal der Bauernsturm von 1662, Bd. 4 (1881), 44–51

—, Über einige Hexenprozesse im Stift Essen, Bd. 10 (1886), 111–131

Sellmann, Wilhelm, Der Tauschverkehr des Historischen Vereins für Stadt und Stift Essen (Stand vom 1. Oktober 1963), Bd. 79 (1963), 51–71

—, Die Mühlen in Stadt und Stift Essen. Mit 1 Karte, Bd. 47 (1930), 265–357

—, Robert Jahns Arbeiten zur Essener Geschichte. Eine Bibliographie zu Jahns 15. Todestag am 7. November 1977, Bd. 92 (1977), 97–117

Siebrecht, Fritz, Altenessen. Ein Rückblick über tausend Jahre, Bd. 35 (1913), 225–301

Simon, Christian, »Eure Herren gehen, unser Herr aber kommt«. Der 2. Deutsche Evangelische Kirchentag in Essen 1950, Bd. 112 (2000), 218–232

Soénius, Ulrich S., Ein Königreich Scheidt? Kettwig und seine führende Unternehmerfamilie, Bd. 113 (2001), 383–396

Sons, Eckhard, Evangelischer Kirchbau im 19. Jahrhundert in Essen., Bd. 95 (1980), 175–200

Spaeth, Hans, Das Münzwesen der Reichsabtei Werden unter Abt Hugo Preutaeus, Bd. 70 (1955), 119–132

Spethmann, Hans, Der Essen-Werdensche Bergbau beim Übergang auf Preußen im Jahre 1802, Bd. 71 (1956), 59–115

—, Der Kampf der Zeche Schölerpad um einen Tiefbau unter dem Direktionsprinzip, Bd. 70 (1955), 23–54

—, Die Anfänge der ruhrländischen Koksindustrie, Bd. 62 (1947), 31–84

—, Die Eroberung des Ruhrgebietes im Frühjahr 1945. Mit 9 Kartenskizzen, Bd. 65 (1950), 43–91

Sponheuer, Heribert, Die Büchsenmacherei des Essener Raumes in technischer Sicht, Bd. 94 (1979), 69–104

Staub, August Wilhelm, Als Werkstudent im Ruhrbergbau, Bd. 49 (1931), 379–438

Stemmrich, Daniel, Vom Kotten zum Mehrfamilienhaus. Entwicklungsschritte in der Wohnarchitektur, dargestellt an Essener Beispielen des 19. Jahrhunderts. Mit Abb., Bd. 96 (1981), 63–98

Stinnesbeck, Eberhard Ludwig, Die alten Tauf-, Trau- und Sterberegister der katholischen Kirchengemeinden im Stifte Essen, Bd. 44 (1927), 183–187

Stricker, Karl, Geschichte des Essener Propsteihofes Nünning unter besonderer Berücksichtigung der propsteilichen Hofsverwaltung, Bd. 35 (1913), 3–69,

Tille, Armin, Der Essen'sche Hof in Königswinter. Mit einem Weistum von 1732, Bd. 20 (1900), 171–183

Tönnissen, Wilhelm, Ein nekrologisches Verzeichnis von Essener Kanonichen. 1580–1712, Bd. 33 (1911), 188–191

Tümmler, Hans, Briefe der Äbtissin von Essen aus dem Jahre 1650 im Reichsarchiv zu Stockholm, Bd. 50 (1932), 343–344

Völcker-Janssen, Wilhelm, Zur Geschichte der archäologischen Sammlungen der Stadt Essen (1880–1984). Mit Abb., Bd. 105 (1993), 61–99

Vogeler, Ferdinand, Die Mittwegschen Familienakten des Essener Stadtarchivs, Bd. 43 (1926), 279–316

Vogeler, Wilfried, Die Essener Vorfahren Alfred Krupps. Ein Beitrag zur Geschichte der alten Essener Bürgerfamilien, Bd. 77 (1961), 45–66

—, Die Vorfahren und Nachkommen des Dr. Georg Florenz Heinrich Brüning, Bd. 74 (1958), 111–149

—, Dr. Hermann Schröter zum Gedenken, Bd. 104 (1991/92), 5–9

Vollmer, Aloys Philipp, Handel, Industrie und Gewerbe in den ehemaligen Stiftsgebieten Essen und Werden, sowie in der Reichsstadt Essen zur Zeit der französischen Herrschaft (1806–1813). Ein Beitrag zur Wirtschaftsgeschichte des Großherzogtums Berg, Bd. 31 (1909), 97–314

Voßkamp, Sabine, »Zwischen Gestern und Morgen«. Sozialer Wandel und Kohlenkrise im Stadtkreis Essen 1958–1969, Bd. 115 (2003), 253–330

Vries, Robert de, Die Landtage des Stiftes Essen. Ein Beitrag zur Verfassungsgeschichte der geistlichen Territorien, Bd. 52 (1934), 1–168

Wagner, Franz, Zur Geschichte des Essener Medizinalwesens vom Mittelalter bis zur Neuzeit, Bd. 40 (1922), 3–55

Waldthausen, Albert von, Zur Geschichte der Verkehrsverhältnisse in Stadt und Stift Essen, Bd. 23 (1903), 107–128

—, Zur Geschichte des Postwesens in Stadt und Stift Essen, Bd. 23 (1903), 129–159

Wallmann, Peter, Jodocus Hermann Nünning (1675–1753) und die Abtei Werden. Ein Beitrag zur Erforschung der älteren Regionalhistoriographie Westfalens, Bd. 108 (1996), 17–59

Wehling, Hans-Werner, »Auf andersartigen Pfaden zu neuen Erkenntnissen«. Leben und Werk Hans Spethmanns, Bd. 114 (2002), 59–72

Wehnes, Franz-Josef, Aus der Geschichte der Schule am Est. Vom Streit zwischen Friedrich dem Grossen und dem Abt von Werden (1752) bis zur Schließung, Bd. 114 (2002), 169–184

—, Die Geschichte der pädagogischen Akademie in Essen-Kupferdreh. Zum 50. Jahrestag ihrer Gründung am 29.1.1946, Bd. 108 (1996), 233–294

—, Die Geschichte der Pädagogischen Hochschule Essen (1962–1972), Bd. 111 (1999), 321–376

—, Die Geschichte der Pierburger Schule in Essen-Kettwig. Ein Beitrag zur Sozialgeschichte des Essener Schulwesens, Teil I und II, Bd. 98 (1983), 25–66

—, Die Geschichte der Pierburger Schule in Essen-Kettwig. Ein Beitrag zur Sozialgeschichte des Essener Schulwesens, Teil III (1814–1918), Bd. 101 (1986/87), 27–76

—, Die Geschichte der Pierburger Schule. Ein Beitrag zur Sozialgeschichte des Essener Schulwesens, Teil IV (1918–1968), Bd. 102 (1988), 165–200

—, Schulkinder als Fabrikarbeiter: Über die Geschichte der Kettwiger Fabrikschule, Bd. 105 (1993), 31–59

Weier, Joseph, Der »Verein zur Erziehung und Pflege katholischer schwachsinniger Kinder beiderlei Geschlechts aus der Rheinprovinz« in Essen und die Errichtung des Franz Sales-Hauses. Ein Beitrag zur Geschichte der Behindertenfürsorge im 19. Jahrhundert, Bd. 95 (1980), 201–224

Weigel, Helmut, Das Wachszinsrecht im Stift Essen, Bd. 67 (1952), 23–136

—, Studien zur Verfassung und Verwaltung des Grundbesitzes des Frauenstiftes Essen (852–1803). Eine vergleichende sozial- und wirtschaftsgeschichtliche Untersuchung zum Problem der Grundherrschaft. Mit Karten, Bd. 76 (1960), 5–312

Welzel, Robert, Von der Müllhalde zum »Renommier-Viertel«. Das Massenbauen auf dem Rüttenscheider Haumannshof, Bd. 116 (2004), 227–272

—, Wie Frohnhausen zum Gänsereiter kam. Ästhetische Gesichtspunkte der Essener Stadtplanung am Beispiel eines Brunnens, Bd. 115 (2003), 67–97

Wiedemann, Heinrich, Die Irrungen zwischen dem Stift und der Stadt Essen 1785–1794, Bd. 32 (1910), 143–174

—, Die Kluse bei Baldeney, Bd. 26 (1905), 165–182

—, Die Wahl der Prinzessin Maria Kunigunde von Sachsen zur Koadjutorin des Stiftes Essen, Bd. 29 (1907), 49–73

—, Ein Streit Friedrichs des Großen mit den Kapiteln des Hochstiftes Essen 1775, Bd. 30 (1909), 135–147

—, Erinnerungen des Stiftsherrn Ludwig Brockhoff, Bd. 36 (1917), 155–182

—, Zur Geschichte der Textilindustrie im Stifte Essen, Bd. 30 (1909), 219–223

Wiedfeldt, Otto, Friedrich Krupp als Stadtrat in Essen. Eine verwaltungsgeschichtliche Studie, Bd. 23 (1903), 1–106

Wirtz, Ludwig, Die Essener Äbtissinnen Irmentrud (ca. 1140–1150) und Hadwig II. von Wied (ca. 1150–1180), Bd. 18 (1898), 19–41

Wirtz, Wilhelm, Die Marken in den Stiftern Essen und Rellinghausen. Eine verfassungs- und wirtschaftgeschichtliche Untersuchung, Bd. 43 (1926), 3–144

Wisotzky, Klaus, »Die Essener Frauen auf dem Kriegspfad«. Die Neubesetzung von zwei Schulleiterstellen im Jahre 1931, Bd. 114 (2002), 203–212

—, Nicht nur ein Musentempel. Die Geschichte des Saalbaus, Bd. 116 (2004), 171–226

—, Richard Euringer: NS-Literat und Leiter der Essener Stadtbücherei, Bd. 112 (2000), 128–151

Wisplinghoff, Erich, Untersuchungen zur frühen Geschichte von Stift und Stadt Essen, Bd. 103 (1989/90), 53–67

Wissig, Heinz, Studien zum Phänomen des Essener Stils (Der Essener Opern- und Schauspielstil von 1927 bis 1940), Bd. 70 (1955), 107–118

Zimmermann, Michael, »Entlassungen aus dem Zigeunerlager Auschwitz erfolgen grundsätzlich nicht«. Die Essener Sinti und Roma unter dem Nationalsozialismus, Bd. 112 (2000), 152–202

—, Den Nationalsozialismus ausstellen? Überlegungen zu Bildgedächtnis, Präsentationsformen und historischer Relevanz. Mit Abb., Bd. 116 (2004), 321–348

Zimmermann, Wolfgang, Die Vagedesbauten in Essen. Mit Abb., Bd. 95 (1980), 143–150

3. Verzeichnis der besprochenen Bücher

Adelmann, Gerhard, Quellensammlung zur Geschichte der sozialen Betriebsverfassung. Ruhrindustrie unter besonderer Berücksichtigung des Industrie- und Handelskammerbezirks Essen. Registerband bearb. von Gertrud Adelmann, Bonn, Hanstein, 1968, Bd. 84 (1969), 207

—, Ruhrindustrie unter besonderer Berücksichtigung des Industrie- und Handelskammerbezirks Essen, Bonn, Hanstein, 1960, Bd. 77 (1961), 70

Aders, Günter (u. a.), Die Grafen van Limburg Stirum. Einleitung und abschließender Band der Geschichte der Grafen van Limburg Stirum und ihrer direkten Vorfahren, T. 1/Bd. I, Amsterdam, van Gorcum, Münster, Aschendorff, 1976 (Kurt Ortmanns), Bd. 92 (1977), 129–130

Ahrens, Hanns D., Demontage. Nachkriegspolitik der Alliierten, München, Universitas, 1982 (Carl-Friedrich Baumann), Bd. 98 (1983), 143–144

Albrecht, Waltraud, Die B.M.V.-Schule in Essen 1652–1997, Essen, Selbstverlag der Congregatio B.M.V., 1997 (Ulrich Nitsche), Bd. 111 (1999), 390–392

Allbau, Allgemeiner Bauverein Essen AG, Wohnen und Markt. Gemeinnützigkeit wieder modern, Essen, Nobel, 1994 (Andreas Benedict), Bd. 106 (1994), 191–192

Alte Synagoge (Hrsg.), Ein Haus, das bleibt. Aus Anlass 20 Jahre Alte Synagoge Essen, Essen, Klartext, 2000 (Dorothea Bessen), Bd. 113 (2001), 440–441

—, Jüdisches Leben in Essen 1800–1933, Essen, Klartext, 1993 (Rainer Walz), Bd. 106 (1994), 186–187

—, Katholische Jugend im Nationalsozialismus: Essener Schlaglichter, Essen, 1984 (Karlotto Bogumil), Bd. 99 (1984), 247

Amt für Statistik und Wahlen der Stadt Essen (Hrsg.), Handbuch der Essener Statistik, Essen, 1960, Bd. 77 (1961), 70–71

Arbeitsgemeinschaft für rheinische Musikgeschichte (Hrsg.), Beiträge zur Musikgeschichte der Stadt Essen, Köln, Krefeld, Staufen, 1955, Bd. 71 (1956), 144

Arens, Franz, Der Liber ordinarius der Essener Stiftskirche, mit Einleitung, Erörterungen und einem Plan der Stiftskirche und ihrer Umgebung im 14. Jahrhundert, Paderborn, Jungfermann, 1908, Bd. 30 (1909), 232–233

Bärsch, Jürgen, Die Feier des Osterfestkreises im Stift Essen nach dem Zeugnis des Liber Ordinarius (zweite Hälfte 14. Jahrhundert). Ein Beitrag zur Liturgiegeschichte der deutschen Ortskirchen, Münster, Aschendorff, 1997 (Thomas Schilp), Bd. 110 (1998), 163

Bart, Jan [d. i. Otto Bartels], Kettwig wie es wuchs und wurde. 1200 Jahre seiner Geschichte, Kettwig, 1971 (Hermann Schröter), Bd. 87 (1972), 342–343

—, Kettwig wie es wuchs und wurde. 1200 Jahre seiner Geschichte, Kettwig, ergänzte 2. Aufl. 1973 (Ernst Schröder), Bd. 89 (1974), 145

Bart, Jan; Behrendt, Paul; Wirtz, Paul, Geliebtes altes Werden und »Werdenensia«, Plaudereien über die abteiliche Zeit hinaus, Essen, Woeste-Druck, 1975 (Hanns-Joachim Maßner), Bd. 91 (1976), 170–171

Bauks, Friedrich Wilhelm, Die evangelischen Pfarrer in Westfalen von der Reformationszeit bis 1945, Bielefeld, Luther, 1980 (Hanns-Joachim Maßner), Bd. 96 (1981), 164
Bd. 113 (2001), 426–429

Bechtold, Gerhard, Das alte Essen. Grafische und malerische Darstellungen aus fünf Jahrhunderten, Frankfurt a. M., Weidlich, 1975 (Wilfried Vogeler), Bd. 91 (1976), 156–158

Beckmann, Joachim (Hrsg.), Briefe zur Lage der Evangelischen Bekenntnissynode im Rheinland, Neukirchen, 1977 (Hanns-Joachim Maßner), Bd. 95 (1980), 286–288

—, Karl Immer. Die Briefe des Coetus Reformierter Prediger 1933–1937. Praeses Lic. Karl Immer zum 60. Geburtstag, Neukirchen, 1976 (Hanns-Joachim Maßner), Bd. 95 (1980), 286–288

—, Rheinische Bekenntnissynoden im Kirchenkampf. Eine Dokumentation aus den Jahren 1933–1945, Neukirchen, 1975 (Hanns-Joachim Maßner), Bd. 95 (1980), 286–288

—; Prolingheuer, Hans, Zur Geschichte der Bekennenden Kirche im Rheinland. Mitgliederlisten der Pfarrer und Hilfsprediger und Register zu Dokumentationen des Kirchenkampfes im Rheinland, Köln, Rheinlandverlag, 1981 (Hanns-Joachim Maßner), Bd. 96 (1981), 164

Behrendt, Paul; Leiermann, Emil, Schönes altes Werdener Land. Zusammengestellt von Jan Bart. Mit einer Plauderei über Friedrich den Großen und den Untergang der alten Reichsabtei Werden und Helmstedt, Essen, Woeste-Druck, 1974 (Hanns-Joachim Maßner), Bd. 90 (1975), 186–187

Behrens, Hedwig, Mechanikus Franz Dinnendahl (1775 bis 1826), Erbauer der ersten Dampfmaschinen an der Ruhr. Leben und Wirken aus zeitgenössischen Quellen, Köln, Selbstverlag des Rheinisch-Westfälischen Wirtschaftsarchivs, 1970, Bd. 87 (1972), 339–341

—, Mechanikus Johann Dinnendahl (1780–1849), Erbauer von Dampfmaschinen, Gründer der Friedrich-Wilhelms-Hütte zu Mülheim an der Ruhr. Leben und Wirken aus zeitgenössischen Quellen, Neustadt a.d. Aisch, Ph. C. W. Schmidt, 1974 (Karlotto Bogumil), Bd. 90 (1975), 180–181

Bein, Alex; Goldschmidt, Hans, Friedrich Hammacher. Lebensbild eines Parlamentariers und Wirtschaftsführers 1824–1904, Berlin, E. S. Mittler und Sohn, 1932, Bd. 50 (1932), 361

Beiträge zur Stadtgeschichte, Bd. I–IX. Verein für Orts- und Heimatkunde Gelsenkirchen-Buer 1965–1978 (Hanns-Joachim Maßner), Bd. 94 (1979), 220–221

Beitz, Else, »Das wird gewaltig ziehen und Früchte tragen!« Industriepädagogik in den Großbetrieben des 19. Jahrhunderts bis zum Ersten Weltkrieg dargestellt am Beispiel der Firma Fried. Krupp, Essen, Klartext, 1994 (Klaus Wisotzky), Bd. 108 (1996), 319–320

Bennertz, Gerhard, Die Geschichte der Jüdischen Kultusgemeinde in Mülheim a. d. Ruhr in der ersten Hälfte des 20. Jahrhunderts im Grundriß. In: Zeitschrift des Geschichtsvereins Mülheim a. d. Ruhr, Heft 58/1983, S. 9–54 (Ludger Heid), Bd. 99 (1984), 247–250

Berdrow, Wilhelm, Alfred Krupp, Berlin, Reimar Hobbing, 1927, Bd. 45 (1927), 318–320

—, Familie Krupp in Essen (1587–1887) und Genealogische Tafeln (von Fritz Gerhard Kraft), Essen, 1932, Bd. 50 (1932), 360–361

Berghaus, Günter; Schilp, Thomas; Schlagheck, Michael (Hrsg.), Herrschaft, Bildung und Gebet. Gründung und Anfänge des Frauenstifts Essen, Essen, Klartext, 2000 (Jan Gerchow), Bd. 113 (2001), 410–418

Berschel, Holger, Bürokratie und Terror. Das Judenreferat der Gestapo Düsseldorf 1935–1945, Essen, Klartext, 2001 (Michael Zimmermann), Bd. 114 (2002), 259–262

Bessen, Dorothea; Wisotzky, Klaus (Hrsg.), Buchkultur inmitten der Industrie. 225 Jahre G. D. Baedeker in Essen, Essen, Klartext, 2000 (Erika Münster-Schröer), Bd. 112 (2000), 311–314

Bette, Ludwig, Das freiweltlich-hochadelige Damenstift Essen und das Vest Recklinghausen, (Vestische Zeitschrift, Bd. 34, S. 136–191; Bd. 35, S. 225–263), Bd. 46 (1928), 425

Bettecken, Winfried, Stift und Stadt Essen. »Coenobium Astnide« und Siedlungsentwicklung bis 1244, Münster, Aschendorff, 1988, Bd. 103 (1989/90), 53–67

Bianchi, Wilhelm, Der Patronat im Kirchspiel Wattenscheid, zugleich ein Beitrag zur Geschichte des kirchlichen Stellenbesetzungsrechtes, Bd. 47 (1930), 358–359

Bihler, Margit, Buch und Schrift im mittelalterlichen Gebrauch. Textquellen aus Essens Mittelalter im Lichte des historischen Funktionswandels der Schrift, Göppingen, Kümmerle, 1994 (Paul Derks), Bd. 108 (1996), 314–318

Bittner, Vera; Goltsche, Patrick (Hrsg.), Erfahrungen, Begegnungen, Herausforderungen. 100 Jahre Goetheschule Essen 1899–1999, Essen, Klartext, 1999 (Erika Münster-Schröer), Bd. 111 (1999), 395–398

Bloth, Hugo Gotthardt, Johann Julius Hecker (1707–1768). Seine »Universalschule« und seine Stellung zum Pietismus und zum Absolutismus, Dortmund, W. Crüwell, 1968 (Hanns-Joachim Maßner), Bd. 85 (1970), 242–243

Bodarwé, Katrinette; Schilp, Thomas (Hrsg.), Herrschaft, Liturgie und Raum. Studien zur mittelalterlichen Geschichte des Frauenstifts Essen, Essen, Klartext, 2002 (Birgitta Falk), Bd. 115 (2003), 351–357

Bönninghausen, W., Parent, Th., Schinkel, E., Lassotta, A., Das Westfälische Industriemuseum, Münster, 1984 (Karlotto Bogumil), Bd. 101 (1986/87), 106

Bötefür, Markus; Buchholz, Gereon; Buhlmann, Michael, Bildchronik Werden 1200 Jahre, Essen, Nobel, 1999 (Gunther Annen), Bd. 112 (2000), 306–307

Boewe-Koob, Edith, Das Antiphonar der Essener Handschrift D 3, Münster, Aschendorff, 1997 (Katrinette Bodarwé/Stefan Hirschmann), Bd. 111 (1999), 385–388

Bogumil, Karlotto, Essen, Freie Stadt des Heiligen Römischen Reiches durch Privileg des Kaisers Karl IV. vom 24.11.1377. Ausstellung des Stadtarchivs Essen im Haus Industrieform (Steeler Straße 29) vom 24.11. - 24.12.1977, Essen, 1977 (Hanns-Joachim Maßner), Bd. 93 (1978), 247

Bohn, Robert, Reichskommissariat Norwegen. »Nationalsozialistische Neuordnung« und Kriegswirtschaft, München, R. Oldenbourg, 2000 (Klaus Wisotzky), Bd. 113 (2001), 436–437

Bonczek, Willi (Hrsg.), Essen im Spiegel der Karten, Essen, R. Bacht, 1975 (Ernst Schröder), Bd. 91 (1976), 153–155

Borger, Hugo; Börsting, Heinrich; Elbern, Victor H., St. Liudger. Gedenkschrift zum 1150. Todestage des Heiligen, Essen-Werden, 1959, Bd. 77 (1961), 68

Born, Heinz (Hrsg.), Wuppertaler Biographien, 9. u. 10. Folge. Wuppertal, Born, 1970 u. 1971 (Ernst Schröder), Bd. 88 (1973), 162–164

Borowsky, Peter, Deutsche Ukrainepolitik 1918 unter besonderer Berücksichtigung der Wirtschaftsfragen, Lübeck, Matthiesen, 1970 (Ernst Schröder), Bd. 88 (1973), 156–162

Borsdorf, Ulrich (Hrsg.), Essen. Geschichte einer Stadt, Bottrop, Essen, Pomp, 2002 (Jörg Engelbrecht), Bd. 115 (2003), 341–345

Brandt, Hans-Jürgen, Kirche und Krankenhaus. Zur Geschichte der »leibhaftigen« Liebe im Christentum zu den Armen und Kranken, Essen, o. J. (Hanns-Joachim Maßner). Bd. 96 (1981), 168–169

Braubach, Max, Landesgeschichtliche Bestrebungen und historische Vereine im Rheinland, Düsseldorf, 1954, Bd. 70 (1955), 133–134

Brenner, Reinhard; Wisotzky, Klaus (Hrsg.), Der Schlüssel zur Welt. 100 Jahre Stadtbibliothek Essen, Essen, Klartext, 2002 (Jan-Pieter Barbian), Bd. 115 (2003), 359–366

Breyvogel, Wilfried (Hrsg.), Mädchenbildung in Deutschland. Die Maria-Wächtler-Schule in Essen 1896–1996, Essen, Klartext, 1996 (Erika Münster-Schröer), Bd. 109 (1997), 276–278

Brüning, Heinrich, Memoiren 1918–1934, Stuttgart, Deutsche Verlags-Anstalt, 1970 (Ernst Schröder), Bd. 86 (1971), 248

Buchholz, Gereon, Der Hügel: Villa und Park, Essen, Nobel, 1998 (Burkhard Beyer), Bd. 111 (1999), 394–395

Bücker, Vera; Nadorf, Bernhard; Potthoff, Markus (Hrsg.), Wie sollen wir vor Gott und unserem Volk bestehen? Der politische und soziale Katholizismus 1927–1949 im Ruhrgebiet, Münster, Lit, 1999 (Thomas Gepp), Bd. 112 (2000), 349–351

Bühler, Johannes, Die Kultur des Mittelalters, Leipzig, Alfred Kröner, 1931, Bd. 49 (1931), 457

Bühne, Horst W.; Happel, Peter, Essen. Bewegte Zeiten – Die 50er Jahre, Essen, Wartberg, 1996 (Stefan Rahner), Bd. 109 (1997), 286–287

Bürgerverein Essen-Haarzopf/Fulerum e. V. (Hrsg.), Aus der Geschichte Haarzopfs, Essen, Druckerei Kraska, 2002 (Cordula Holtermann), Bd. 115 (2003), 345–347

Büsch, Otto, Industrialisierung und Geschichtswissenschaft. Ein Beitrag zur Thematik und Methodologie der historischen Industrialisierungsforschung, Berlin, Colloquium, 1969 (Hedwig Behrens), Bd. 86 (1971), 244

Büttner, Richard, Die Säkularisation der Kölner geistlichen Institutionen. Wirtschaftliche und soziale Bedeutung und Auswirkungen, Köln, Selbstverlag des Rheinisch-Westfälischen Wirtschaftsarchivs, 1971 (Hans Tümmler), Bd. 90 (1975), 175–177

Burghard, Hermann (Bearb.), Werden (Rheinischer Städteatlas, Lieferung XIV, Nr. 78), Köln, Weimar, Wien, Böhlau, 2001 (Jan Gerchow), Bd. 116 (2004), 365–366

Busch, Rainer J., Kupferdreher Denkmalspfad. Ein Wanderführer zu den historischen Stätten in Kupferdreh, Essen, 2003 (Walter Gerschler), Bd. 116 (2004), 366–368

Busch, Wilhelm; Scheer, Thorsten (Hrsg.), Symmetrie und Symbol. Die Industriearchitektur von Fritz Schupp und Martin Kremmer, Köln, Verlag der Buchhandlung Walther König, 2002 (Klaus Wisotzky), Bd. 115 (2003), 387–390

Chevallerie, Huberta de la, Zeche Zollverein Schacht XII in Essen. Gebauter Gedanke, Essen, Klartext, 2004 (Klaus Wisotzky), Bd. 116 (2004), 368–370

Classen, Harold, Die Entwicklungsstufen der öffentlichen Gaswirtschaft im Raum Essen. Dissertation, Köln, 1958, Bd. 74 (1958), 151–152

Cohausz, Alfred, Die Aufnahme des Bischofs Alfred von Hildesheim in den amtlichen Heiligenkalender des Bistums Essen (Confirmatio cultus). Sonderdruck aus Westfalen, Bd. 48, Münster, Aschendorff, 1970, S. 56–78 (Joseph Weier), Bd. 88 (1973), 141–142

Cram, Ilse; Lich, Horst; Wacker, Heinrich, Heisinger Denkmalspfade. Ein Wanderführer zu den historischen Stätten in Heisingen, Essen, 2004 (Walter Gerschler), Bd. 116 (2004), 366–368

Däbritz, Walther, Bochumer Verein für Bergbau und Gußstahlfabrikation in Bochum, Neun Jahrzehnte seiner Geschichte im Rahmen der Wirtschaft des Ruhrbezirks, Bd. 53 (1935), 287–288

Das 20. Jahrhundert der Gaudigs. Chronik einer Arbeiterfamilie im Ruhrgebiet. Nach Schilderungen von Theo Gaudig u. a. zusammengestellt von Ludger Fittkau, Essen, Klartext, 1997 (Volker van der Locht), Bd. 110 (1998), 179–180

Dege, Wilhelm u. Wilfried, Das Ruhrgebiet, Geokolleg 3, Kiel, 2. Aufl. 1980 (Hanns-Joachim Maßner), Bd. 96 (1981), 167–168

—, Das Ruhrgebiet (a. d. Dänischen übersetzt und erweitert von W. Dege), Braunschweig, F. Vieweg u. Sohn, 1972 (Gerhard Bechthold), Bd. 88 (1973), 153–154

—, Das Ruhrgebiet, Kiel, F. Hirt, 2. Aufl. 1976 (Gerhard Bechthold), Bd. 91 (1976), 171–172

Der Raum Westfalen. Bd. I, 1931, und Bd. II, 2. Teil, 1934, Berlin, Reimar Hobbing, Bd. 52 (1934), 224–225

Detering, Horst, Von Abendlicht bis Zwergmutter. 400 Jahre Bergbau in Heisingen, Essen, Klartext, 1998 (Klaus Wisotzky), Bd. 111 (1999), 388–390

Dickhoff, Erwin, Essen. Familien, Bürger und Personen im Spiegel Essener Straßennamen, Essen, 1968 (Ernst Schröder), Bd. 84 (1969), 205–206

—, Essen. Handel, Handwerk und Industrie im Spiegel Essener Straßennamen, Essen, 1977 (Ernst Schröder), Bd. 93 (1978), 234–236

—, Essen. Hof- und Flurnamen im Spiegel Essener Straßennamen, Essen, 1971 (Erich Wallmichrath), Bd. 87 (1972), 338–339

—, Essener Köpfe. Wer war was? Essen, Richard Bacht, 1985 (Carl-Friedrich Baumann), Bd. 101 (1986/87), 108

—, Essener Straßen. Stadtgeschichte im Spiegel der Essener Straßennamen, Essen, R. Bacht, 1979 (Ernst Schröder), Bd. 95 (1980), 282–284

Die Kirchen zu Werden, (Die Kunstdenkmäler des Rheinlands, Beiheft 7), Essen, Fredebeul & Koenen, 1959, Bd. 77 (1961), 67–68

Dieler, Petra, Die Duisburger Juden. Eine Dokumentation der jüdischen Bürger ab 1933, Duisburg, 1983 (Ludger Heid), Bd. 99 (1984), 247–250

Dohmen, Heinz, Abbild des Himmels. Tausend Jahre Kirchenbau im Bistum Essen, Mülheim a. d. Ruhr, Hoppe u. Werry, 1977 (Hanns-Joachim Maßner), Bd. 94 (1979), 219–220

—; Sons, Eckhard, Kirchen, Kapellen, Synagogen in Essen, Essen, Nobel, 1998 (Kathrin Klose), Bd. 111 (1999), 380–381

Dowe, Dieter, Aktion und Organisation. Arbeiterbewegung, sozialistische und kommunistische Bewegung in der preußischen Rheinprovinz 1820–1852, Hannover, Verlag für Literatur und Zeitgeschehen, 1970 (Ulrich Kemper), Bd. 93 (1978), 238–239

Drögereit, Richard, Sachsen und Angelsachsen, Sonderdruck, (Niedersächsisches Jahrbuch für Landesgeschichte, Bd. 21), Hannover, 1949, Bd. 67 (1952), 274–275

Dyckmans, Paul, Familie Dinnendahl in Niederwenigern und Kleve, Kleve, Selbstverlag, 1972 (Wilfried Vogeler), Bd. 88 (1973), 155–156

Eichenberg, Klaus, Stadtbaumeister Heinrich Johann Freyse, Mönchengladbach, Kühlen, 1970 (Hermann Schröter), Bd. 85 (1970), 245

Eickenscheidt Nienhausen. Bd. I-IV, Essen, 3. Aufl. [1993] (Wilfried Vogeler), Bd. 106 (1994), 178–182

Eliasberg, George, Der Ruhrkrieg von 1920. Mit einer Einführung von Richard Löwenthal, Bonn-Godesberg, Neue Gesellschaft, 1974 (Ernst Schröder), Bd. 90 (1975), 183–186

Engel, Gustav, Politische Geschichte Westfalens, Köln, G. Grote, 1968 (Hans Tümmler), Bd. 85 (1970), 237–238

Ennen, Edith, Die europäische Stadt des Mittelalters, Göttingen, Vandenhoeck & Ruprecht, 1972 (Joseph Milz), Bd. 88 (1973), 146–147

Essen gräbt. Archäologie 1992. Katalog zur Ausstellung im Archäologischen Museum Altenessen, Essen, Pomp, 1992 (Inge Schröder), Bd. 105 (1993), 212–215

Essen in alten und neuen Reisebeschreibungen. Ausgewählt von Klaus Rosing, Düsseldorf, Droste, 1989 (Ute Braun), Bd. 104 (1991/92), 241–242

Evangelischer Stadtkirchenverband Essen; Kirchenkreise Essen-Mitte, Essen-Nord, Essen-Süd (Hrsg.), Evangelische Kirche in Essen vor dem Hintergrund von »nationaler Erhebung« und nationaler Katastrophe 1930 bis 1950. Dokumentation eines Symposiums zur kirchlichen Zeitgeschichte im Haus der Ev. Kirche am 19. Juni 2002, Essen, Selbstverlag, 2003 (Thomas Dupke), Bd. 116 (2004), 376–380

Eyll, Klara van, Voraussetzungen und Entwicklungslinien von Wirtschaftsarchiven bis zum zweiten Weltkrieg, Köln, Selbstverlag des Rheinisch-Westfälischen Wirtschaftsarchivs, 1969 (Gertrud Milkereit), Bd. 86 (1971), 249–250

Fehrenbach, Elisabeth, Der Kampf um die Einführung des Code Napoléon in den Rheinbundstaaten, Wiesbaden, Franz Steiner, 1973 (Hans Tümmler), Bd. 90 (1975), 177–178

Feldens, Franz, 75 Jahre Städtische Bühnen Essen. Geschichte des Essener Theaters 1892–1967, Essen, Rheinisch-Westfälische Verlagsgesellschaft, 1967, Bd. 84 (1969), 206–207

—, Alt-Essener Bilderbuch, Essen, 1954, Bd. 70 (1955), 134

—, Aus der vergessenen Ecke, Essen, Rheinisch-Westfälische Verlagsanstalt, 1951, Bd. 67 (1952), 275–276

—, Bilder aus dem alten Essen, Essen, 1957, Bd. 74 (1958), 154

—, Das alte Huttrop, Essen, Rheinisch-Westfälische Verlagsgesellschaft, 1970 (Erwin Dickhoff), Bd. 86 (1971), 244–245

—, Musik und Musiker in der Stadt Essen, Essen, Walter Bacmeisters Nationalverlag, 1936, Bd. 55 (1937), 182–183

Fessner, Michael, Steinkohle und Salz. Der lange Weg zum industriellen Ruhrrevier, Bochum, Deutsches Bergbau-Museum, 1998 (Klaus Wisotzky), Bd. 111 (1999), 388–390

Festschrift 1000 Jahre Rellinghausen, Essen, Bacht, 1995 (Paul Derks), Bd. 108 (1996), 308–310

Festschrift der katholischen Kirchengemeinde St. Mariä Himmelfahrt Essen-Altendorf, Recklinghausen, 1939, Bd. 59 (1940), 277

Festschrift zur Feier der Einweihung des neuen Justizgebäudes in Essen am 17. Mai 1913, hrsg. vom Landgerichtspräsidenten Dr. Büscher, Essen, Fredebeul & Koenen, Bd. 35 (1913), 374 375

Festschrift zur Feier des 25jährigen Bestehens des Realgymnasiums Essen-Bredeney (1910–1935), Essen, 1935, Bd. 53 (1935), 289

Feuerwehrverein Berufsfeuerwehr Essen e. V. (Hrsg.), 110 Jahre Berufsfeuerwehr Essen, Essen, 2004 (Andreas Koerner), Bd. 116 (2004), 370–371

Freitäger, Andreas (Bearb.), Die preußische Berg-, Hütten- und Salinenverwaltung 1763–1865. Die Bestände in den Nordrhein-Westfälischen Staatsarchiven, Bd. 2: Nordrhein-Westfälisches Hauptstaatsarchiv Düsseldorf mit Gesamtindex zu Band 1 und 2, Düsseldorf, Selbstverlag des Nordrhein-Westfälischen Hauptstaatsarchivs Düsseldorf, 2002 (Karsten Plewnia), Bd. 115 (2003), 383–384

—, Johannes Cincinnius von Lippstadt (ca. 1485–1555). Bibliothek und Geisteswelt eines westfälischen Humanisten, Münster, Aschendorff, 2000 (Jan Gerchow), Bd. 112 (2000), 332–337

Fremer, Torsten, Äbtissin Theophanu und das Stift Essen. Gedächtnis und Individualität in ottonisch-salischer Zeit, Bottrop, Essen, Pomp, 2002 (Jan Gerchow), Bd. 114 (2002), 247–250

Freytag & Most (Hrsg.), Duisburg, Berlin, Paul Schmidt, 1937, Bd. 57 (1938), 148–149

Frida-Levy-Gesamtschule Essen (Hrsg.), Frida Levy 18. 12. 1881 bis 1942. Frida-Levy-Gesamtschule 6. September 2001, Essen, Klartext, 2001 (Michael Zimmermann), Bd. 114 (2002), 253–256

Friedemann, Peter; Kleßmann, Christoph, Streiks und Hungermärsche im Ruhrgebiet 1946–1948, Frankfurt a. M., Campus, 1977 (Ulrich Kemper), Bd. 93 (1978), 239–240

Friedrich Krupp, der Gründer der Gußstahlfabrik, in Briefen und Urkunden, hrsg. im Auftrage der Firma Fried. Krupp A.G. von Wilhelm Berdrow, Essen, G. D. Baedeker, 1915, Bd. 36 (1917), 212–213

Friedrich, Jörg, Der Brand – Deutschland im Bombenkrieg 1940–1945, München, Propyläen, 2. Aufl. 2002 (Norbert Krüger), Bd. 115 (2003), 390–397

Frielinghaus, Volker; Jaeschke, Helmut u. Gerda; Kremer, Kurt Peter, Neue Kunst im alten Bauernhof. Geschichte und Funktionswandel eines historischen Hauses in Querenburg, Bochum, Laupenmühlen & Dierichs, 1972 (Gerhard Bechthold), Bd. 88 (1973), 154–155

Frisch, Margarete, Die Grafschaft Mark, Der Aufbau und die innere Gliederung des Gebietes, besonders nördlich der Ruhr, (Veröffentlichungen der Historischen Kommission des Provinzialinstituts für westfälische Landes- und Volkskunde, XXII. Geschichtliche Arbeiten zur westfälischen Landesforschung, Bd. 1), Münster, Aschendorff, 1937, Bd. 57 (1938), 148

Frosien-Leinz, Heike, Städte- und Kulturführer Essen, hrsg. von der Stadt Essen und der Verlagsgruppe Beleke, Essen, Nobel, 1998 (Monika Fehse), Bd. 111 (1999), 379–380

Fuchs, Ralf-Peter, Hexenverfolgung an Ruhr und Lippe. Die Nutzung der Justiz durch Herren und Untertanen, Münster, Ardey, 2002 (Erika Münster-Schröer), Bd. 115 (2003), 381–383

Füchtner, Jörg (Bearb.), Der beurkundete Mensch. Personenstandswesen im nördlichen Rheinland vom Spätmittelalter bis zum 20. Jahrhundert, Düsseldorf, 1984 (Karlotto Bogumil), Bd. 101 (1986/87), 107

— u. a. (Bearb.), Die Zivilstandsregister im Nordrhein-Westfälischen Personenstandsarchiv Rheinland. Eine Übersicht, Brühl, 1985 (Karlotto Bogumil), Bd. 101 (1986/87), 107

50 Jahre Rheinisch-Westfälisches Wirtschaftsarchiv 1907–1957, Köln, 1957, Bd. 74 (1958), 151

Fürstenberg, Michael Freiherr von, »Ordinaria loci« oder »Monstrum Westphaliae«? Zur kirchlichen Rechtsstellung der Äbtissin von Herford im europäischen Vergleich, Paderborn, Bonifatius, 1995 (Ute Küppers-Braun), Bd. 108 (1996), 336–339

Gall, Lothar (Hrsg.), Krupp im 20. Jahrhundert. Die Geschichte des Unternehmens vom Ersten Weltkrieg bis zur Gründung der Stiftung, Redaktion Burkhard Beyer, Berlin, Siedler, 2002 (Helmut Lackner), Bd. 115 (2003), 366–369

—, Krupp. Der Aufstieg eines Industrieimperiums, Berlin, Siedler, 2000 (Stefan Goch), Bd. 113 (2001), 420–423

Gause, Fritz, Essen und seine ostvertriebenen Mitbürger, Essen, 1971 (Herbert Kirrinnis), Bd. 87 (1972), 344–345

—, Kant und Königsberg. Ein Buch der Erinnerung an Kants 250. Geburtstag am 22. April 1974, Leer, G. Rautenberg, 1974 (Herbert Kirrinnis), Bd. 91 (1976), 172–174

Gehne, Fritz, Burg und Stadt Holten (Heft 1 der Oberhausener Jahreshefte), 1939, Bd. 59 (1940), 277

Gemmeke, Claudia, Die »Alte Synagoge« in Essen (1913), Essen, Die Blaue Eule, 1990 (Matthias Kohn), Bd. 105 (1993), 229–230

Gepp, Thomas; Petzinna, Berthold (Bearb.), Essen im Luftkrieg, Essen, 1999 (Andreas Lammers), Bd. 112 (2000), 325–326

Gerchow, Jan, Mittelalter vor Ort. Exkursionen in 800 Jahre Geschichte zwischen Lippe und Ruhr. Kunst, Archäologie und Geschichte im Ruhrgebiet von 750 bis 1550, Bottrop, Essen, Pomp, 1994 (Paul Derks), Bd. 108 (1996), 330–331

—; Ruhrlandmuseum Essen (Hrsg.), Das Jahrtausend der Mönche. Klosterwelt Werden 799–1803, Köln, Wienand, 1999 (Thomas Lux), Bd. 111 (1999), 381–384

—; Ruhrlandmuseum Essen (Hrsg.), Die Mauer der Stadt. Essen vor der Industrie 1244 bis 1865, Bottrop, Essen, Pomp, 1995 (Paul Derks), Bd. 108 (1996), 313–314

Gerschler, Walter, Das preußische Oberpräsidium der Provinz Jülich-Kleve-Berg in Köln 1816–1822, Köln, Grote, 1967 (Ernst Schröder), Bd. 84 (1969), 203–204

Geschichte des Telegraphenamts Essen. Denkschrift aus Anlass des 50jährigen Bestehens der Fernsprechvermittlungsstelle Essen und des niederrheinisch-westfälischen Industriebezirksnetzes, Essen, 1937, Bd. 55 (1937), 183

Geschichtswerkstatt »Zeche Zollverein e. V.« (Hrsg.), Vom Leben mit der Kohle. Zur Geschichte der Stadtteile Katernberg, Schonnebeck und Stoppenberg, Essen, Klartext, 2002 (Klaus Wisotzky), Bd. 115 (2003), 357–358

—, Zeche Zollverein. Einblicke in die Geschichte eines großen Bergwerks, Essen, Klartext, 1996 (Klaus Wisotzky), Bd. 109 (1997), 273–274

Gleising, Günter, Heinz Renner. Eine politische Biographie, Bochum, Ruhr Echo, 2000 (Walter Gerschler), Bd. 112 (2000), 326–328

Goch, Stefan, Eine Region im Kampf mit dem Strukturwandel. Bewältigung von Strukturwandel und Strukturpolitik im Ruhrgebiet, Essen, Klartext, 2002 (Thomas Dupke), Bd. 114 (2002), 263–266

Goebel, Klaus (Hrsg.), »Dein dankbarer und getreuer F. W. Dörpfeld«. Gesamtausgabe der Briefe Friedrich Wilhelm Dörpfelds (1824–1893) mit Erläuterungen und Bilddokumenten, Wuppertal, Hans Meyer, 1976 (Hanns-Joachim Maßner), Bd. 93 (1978), 248–250

—; Wichelhaus, Manfred (Hrsg.), Aufstand der Bürger. Revolution 1849 im westdeutschen Industriezentrum. Mit einem Vorwort von Gustav Walter Heinemann, Wuppertal, Peter Hammer, 3. erw. Aufl. 1977 (Walter Gerschler), Bd. 93 (1978), 244–246

Görner, Regina, Raubritter. Untersuchungen zur Lage des spätmittelalterlichen Niederadels, besonders im südlichen Westfalen, Münster, Aschendorff, 1987 (Thomas Lux), Bd. 102 (1988), 201–202

Goetz, H., Die neue Kartei für Familienforschung, München, Lehmanns Verlag, 1935, Bd. 54 (1936), 190

Goldbeck, Gustav, Technik als geistige Bewegung in den Anfängen des deutschen Industriestaates, Düsseldorf, VDI-Verlag, 1968 (Ulrich Troitzsch), Bd. 84 (1969), 207–208

Grewe, Heinz (Hrsg.), Essen. Starkes Herz der deutschen Lande, Essen, Industriedruck AG, 1952, Bd. 67 (1952), 276

Grontzki, Nina; Niewerth, Gerd; Potthoff, Rolf (Hrsg.), Als die Steine Feuer fingen – Der Bombenkrieg im Ruhrgebiet – Erinnerungen, Essen, Klartext, 2003 (Norbert Krüger), Bd. 115 (2003), 390–397

Großmann, Joachim, Wanderungen durch Zollverein. Das Bergwerk und seine industrielle Landschaft, hrsg. von der Geschichtswerkstatt »Zeche Zollverein e. V.« und der Denkmalbehörde Essen, Essen, Klartext, 1999 (Klaus Wisotzky), Bd. 112 (2000), 321–322

Gründer, Horst, Walter Simons als Staatsmann, Jurist und Kirchenpolitiker, Neustadt a. d. Aisch, Ph. C. W. Schmidt, 1975 (Ernst Schröder), Bd. 93 (1978), 229–232

Günther, Ute, Erwachsenenbildung in ihrer Vielfalt. Eine Studie zur Geschichte der Erwachsenenbildung in der Stadt Essen, Frankfurt a. M., 1993 (Franz-Josef Wehnes), Bd. 105 (1993), 227–229

Haas, Reimund, Essener Offizialatsakten als personengeschichtliche Quelle, Köln, 1989 (Wilfried Vogeler), Bd. 105 (1993), 225–227

—; Institut für kirchengeschichtliche Forschung des Bistums Essen (Hrsg.), Bewahren und Erinnern. Kirchenschätze und Kirchengeschichte. Domschatzkammer und Institut. Ansprachen und Beiträge zum 70. Geburtstag von Alfred Pothmann. Beiträge und Miscellen, Essen, Selbstverlag, 2000 (Ute Küppers-Braun), Bd. 113 (2001), 444

Haberey, Waldemar, Die römischen Wasserleitungen nach Köln. Die Technik der Wasserversorgung einer antiken Stadt, Düsseldorf, Rheinland-Verlag, 1971 (Erich Schumacher), Bd. 87 (1972), 333

Hallenberger, Dirk, Industrie und Heimat. Eine Literaturgeschichte des Ruhrgebiets, Essen, Klartext, 2000 (Klaus Wisotzky), Bd. 112 (2000), 337–339

—; Wehner, Walter, Literarischer Stadtführer Essen, Essen, Klartext, 2002 (Klaus Wisotzky), Bd. 114 (2002), 242–244

Hammerstein, Irmgard, Hukeshove. Chronik der Familie Hueck aus Niedermassen I, Münster, Aschendorff, 1995 (Hermann Burghard), Bd. 110 (1998), 182–184

Hampe, Karl, 1869–1936. Selbstdarstellung. Mit einem Nachwort hrsg. von Hermann Diener, Heidelberg, C. Winter, 1969 (Ernst Schröder), Bd. 86 (1971), 247–248

Handbuch der historischen Stätten Deutschlands, Bd. 3: Nordrhein-Westfalen, Stuttgart, A. Kröner, 2. neubearb. Aufl. 1970 (Gerhard Bechthold), Bd. 86 (1971), 239–240

Hardach, Karl, Wirtschaftsgeschichte Deutschlands im 20. Jahrhundert, Göttingen, Vandenhoek u. Ruprecht, 1976 (Ernst Schröder), Bd. 92 (1977), 124–125

Heege, Karl, Im Zeichen der Prame. Der Hof Schulte auf der Heege in Essen-Katernberg. Geschichte eines Hofes im Emscherland, Olsberg, Selbstverlag, [1994] (Wilfried Vogeler), Bd. 106 (1994), 182–183

Heinemann, Gustav W., Wir müssen Demokraten sein. Tagebuch der Studienjahre 1919–1922. Hrsg. von Brigitte u. Helmut Gollwitzer, München, Chr. Kaiser, 1980 (Ernst Schröder), Bd. 96 (1981), 155–156

Heinemann, Otto, Kronenorden vierter Klasse. Das Leben des Prokuristen Heinemann (1864–1944). Hrsg. u. mit einem Vorwort versehen von Walter Henkels, Düsseldorf, Econ, 1969 (Ernst Schröder), Bd. 85 (1970), 246–247

Heinrichsbauer, August, Harpener Bergbau-Aktien-Gesellschaft. 1856–1936, Essen, Glückauf, 1936, Bd. 54 (1936), 190–191

Heistermann, Marion, Demontage und Wiederaufbau. Industriepolitische Entwicklungen in der »Kruppstadt« Essen nach dem Zweiten Weltkrieg (1945–1956), Essen, Klartext, 2004 (Burkhard Beyer), Bd. 116 (2004), 382–384

Helfrich, Andreas, Die Margarethenhöhe Essen. Architekt und Auftraggeber vor dem Hintergrund der Kommunalpolitik Essen und der Firmenpolitik Krupp zwischen 1886 und 1914, Weimar, Verlag u. Datenbank für Geisteswissenschaften, 2000 (Frank Kerner), Bd. 112 (2000), 318–320

Herbig, Wolfgang, Wirtschaft und Bevölkerung der Stadt Lüdenscheid im 19. Jahrhundert, Dortmund, Selbstverlag der Gesellschaft für Westfälische Wirtschaftsgeschichte e. V., 1977 (Hanns-Joachim Maßner), Bd. 93 (1978), 252–253

Hering, Hartmut (Hrsg.), Im Land der tausend Derbys. Die Fußball-Geschichte des Ruhrgebiets, Göttingen, Die Werkstatt, 2002 (Klaus Wisotzky), Bd. 115 (2003), 385–387

Hermanns, Heinz, Die Handelskammer für den Kreis Mülheim am Rhein (1871–1914) und die Wirtschaft des Köln-Mülheimer Raumes, Köln, Selbstverlag des Rheinisch-Westfälischen Wirtschaftsarchivs, 1969 (Hans Vollmerhaus), Bd. 87 (1972), 343–344

Hermans, Baldur (Hrsg.), »… wie sollen wir vor Gott und unserem Volk bestehen?« Nikolaus Groß und die katholische Arbeiterbewegung in der NS-Zeit, Essen, 1995 (Klaus Wisotzky), Bd. 109 (1997), 287–291

— (Hrsg.), Zuwanderer – Mitbürger – Verfolgte. Beiträge zur Geschichte der Ruhrpolen im 19. Jahrhundert und in der Weimarer Republik und der Zigeuner in der NS-Zeit, Essen, 1996 (Andreas Koerner), Bd. 110 (1998), 186–187

Herten, Josef, Schonnebeck. Historische Rundgänge durch den Essener Norden, Essen, 1992 (Paul Derks), Bd. 105 (1993), 230–231

Herzog, Bodo, Paul Reusch und das Deutsche Museum in München. Zum 100. Geburtstag von Paul Reusch, München, Oldenbourg, Düsseldorf, VDI-Verlag, 1967, Bd. 83 (1968), 133–134

Heyen, Franz-Josef; Janssen, Wilhelm, Zeugnisse rheinischer Geschichte. Urkunden, Akten und Bilder aus der Geschichte der Rheinlande. Eine Festschrift zum 150. Jahrestag der Einrichtung der staatlichen Archive in Düsseldorf und Koblenz, Neuss, 1982 (Karlotto Bogumil), Bd. 98 (1983), 139

Heyn, Erich, Zerstörung und Aufbau der Großstadt Essen, Bonn, 1955, Bd. 71 (1956), 143–144

Heyne, Maren, Stille Gärten – Beredte Steine. Jüdische Friedhöfe im Rheinland, Bonn, Dietz, 1994 (Joachim Mugdan), Bd. 108 (1996), 340–347

Hiepel, Claudia, Arbeiterkatholizismus an der Ruhr. August Brust und der Gewerkverein christlicher Bergarbeiter, Stuttgart, Kohlhammer, 1999 (Wolfgang Jäger), Bd. 112 (2000), 340–342

Historische Kommission des Provinzialinstituts für westfälische Landes- und Volkskunde; Rheinisch-Westfälisches Wirtschaftsarchiv; Volkswirtschaftliche Vereinigung im rheinisch-westfälischen Industriegebiet (Hrsg.), Rheinisch-westfälische Wirtschaftsbiographien (Zugleich Sonderreihe der von Aloys Bömer und Otto Leunenschloß herausgegebenen Westfälischen Lebensbilder, Bd. I, Heft 2), Münster, Aschendorff, 1932, Bd. 50 (1932), 358–359

—; Rheinisch-Westfälisches Wirtschaftsarchiv; Volkswirtschaftliche Vereinigung im rheinisch-westfälischen Industriegebiet (Hrsg.), Rheinisch-westfälische Wirtschaftsbiographien, Sonderreihe der Westfälischen Lebensbilder, Bd. I, Heft 3, 1932, und Bd. II, Heft 1, Münster, Aschendorff, 1934, Bd. 52 (1934), 222–223,

—; Rheinisch-Westfälisches Wirtschaftsarchiv; Volkswirtschaftliche Vereinigung im rheinisch-westfälischen Industriegebiet (Hrsg.), Rheinisch-westfälische Wirtschaftsbiographien, Bd. III, 1936, und Bd. II, 2/3, 1937, Münster, Aschendorff, Bd. 55 (1937), 181–182,

Historischer Verein für Dortmund und die Grafschaft Mark (Hrsg.), Beiträge zur Geschichte Dortmunds und der Grafschaft Mark, Bd. 68, Dortmund, 1973 (Hanns-Joachim Maßner), Bd. 89 (1974), 145–146

Hofmann, Wolfgang, Zwischen Rathaus und Reichskanzlei. Die Oberbürgermeister in der Kommunal- und Staatspolitik des Deutschen Reiches von 1890 bis 1933, Stuttgart, W. Kohlhammer, 1974 (Ernst Schröder), Bd. 91 (1976), 162–166

Holle, Marlies, Wandern auf kultur- und industriegeschichtlichen Pfaden in Rellinghausen/Stadtwald, Essen o. J. (2004) (Walter Gerschler), Bd. 116 (2004), 366–368

Holtfrerich, Carl-Ludwig, Quantitative Wirtschaftsgeschichte des Ruhrkohlenbergbaus im 19. Jahrhundert. Eine Führungssektoranalyse, Dortmund, Selbstverlag der Gesellschaft für Westfälische Wirtschaftsgeschichte e. V., 1973 (Gerd Hardach), Bd. 89 (1974), 135–138

Hopp, Detlef; Denkmalbehörde Essen (Hrsg.), Stadtarchäologie in Essen, Bottrop, Essen, Pomp, 1999 (Andreas Göbel), Bd. 112 (2000), 309–311

Hüwel, Detlev, Karl Arnold. Eine politische Biographie, Wuppertal, Peter Hammer, 1980 (Ernst Schröder), Bd. 96 (1981), 159–161

IG Metall Verwaltungsstelle Essen (Hrsg.), Im Wandel gestalten. Zur Geschichte der Essener Metallindustrie 1946–1996, Essen, Klartext, 1996 (Volker van der Locht), Bd. 109 (1997),

Jahn, Robert, Essener Geschichte. Die geschichtliche Entwicklung im Raum der Großstadt Essen, Essen, W. Th. Webels, 1952, Bd. 67 (1952), 276

Jammers, Ewald, Die Essener Neumenhandschriften der Landes- und Stadtbibliothek Düsseldorf, Ratingen, Alois Henn, 1952, Bd. 69 (1953), 121

Jaspar, Karlbernhard, Der Urbanisierungsprozeß dargestellt am Beispiel der Stadt Köln, Köln, Selbstverlag des RWWA, 1977 (Karlotto Bogumil), Bd. 93 (1978), 256

Jászai, Géza (Hrsg.), Heilige Ida von Hersfeld 980–1980. Festschrift zur tausendjährigen Wiederkehr der Heiligsprechung der heiligen Ida von Hersfeld, Münster, 1980 (Hanns-Joachim Maßner), Bd. 96 (1981), 165

Joest, Hans-Josef, Pionier im Ruhrrevier. Gutehoffnungshütte – Vom ältesten Montan-Unternehmen Deutschlands zum größten Maschinenbaukonzern Europas, Stuttgart, Seewald, 1982 (Margrit Brand), Bd. 98 (1983), 139–140

Jungmann, Christel, »Ich war nie eine Quotenfrau«. Berta Möller-Dostali. Eine Biographie, Essen, Klartext, 1999 (Petra Günther), Bd. 112 (2000), 328–329

Käufer, Hugo Ernst; Wolf, Horst (Hrsg.), Sie schreiben zwischen Moers und Hamm, Bio-bibliografische Daten, Fotos und Texte von 43 Autoren aus dem Ruhrgebiet, Wuppertal, Peter Hammer, 1974, und Reihe »Nordrhein – Westfalen literarisch«, Bd. 1–4, Wuppertal, Peter Hammer, 1974–1975 (Hanns-Joachim Maßner), Bd. 94 (1979), 223

Kahsnitz, Rainer, Der Werdener Psalter in Berlin, Ms. theol. lat. fol. 358. Eine Untersuchung zu den Problemen mittelalterlicher Psalterillustrationen, Düsseldorf, 1979 (Hanns-Joachim Maßner), Bd. 95 (1980), 285–286

Kastorff-Viehmann, Renate (Hrsg.), Die grüne Stadt. Siedlungen, Parks, Wälder, Grünflächen 1860–1960, Essen, Klartext, 1998 (Klaus Wisotzky), Bd. 111 (1999), 410–412

Katholische Stadtkirche Essen (Hrsg.), anSTIFTungen! 1150 Jahre Kirche vor Ort. Dokumentation der Ausstellung, Essen, 2002 (Cordula Holtermann), Bd. 115 (2003), 350–351

Kellenbenz, Hermann (Hrsg.), Kölner Vorträge zur Sozial- und Wirtschaftsgeschichte. Schriftleitung Klara van Eyll, Heft 1–12, Köln, Selbstverlag des Forschungsinstituts für Sozial- und Wirtschaftsgeschichte an der Universität, 1969–1970 (Ernst Schröder), Bd. 86 (1971), 243–244

—; Eyll, Klara van (Hrsg.), Zwei Jahrtausende Kölner Wirtschaft, Bd. 1 u. 2, Köln, Greven, 1975 (Karlotto Bogumil), Bd. 92 (1977), 118–120

—; Eyll, Klara van, Die Geschichte der unternehmerischen Selbstverwaltung in Köln 1797–1914, Köln, Selbstverlag des Rheinisch-Westfälischen Wirtschaftsarchivs, 1972 (Ottfried Dascher), Bd. 89 (1974), 138–139

Keller, Manfred; Wilbertz, Gisela (Hrsg.), Spuren im Stein. Ein Bochumer Friedhof als Spiegel jüdischer Geschichte, Essen, Klartext, 1997 (Aubrey Pomerance), Bd. 110 (1998), 184–186

Kemp, Franz van der, Achtung Achtung! Ende Ende! Geschichte einer Kindheit und Jugend in dunkler Zeit 1932–1951, Waltrop, Selbstverlag, 2003 (Thomas Dupke), Bd. 116 (2004), 371–373

Keßler, Uwe, Zur Geschichte des Managements bei Krupp. Von den Unternehmensanfängen bis zur Auflösung der Fried. Krupp AG (1811–1943), Stuttgart, F. Steiner, 1995 (Michael Zimmermann), Bd. 110 (1998), 168–170

Kettering, Heinz, Quellen und Studien zur Essener Musikgeschichte des Hohen Mittelalters, Essen, W. Th. Webels, 1960, Bd. 77 (1961), 68–69

Klapheck, Richard; Körner, Edmund, Die Synagoge in Essen. Faksimile-Ausgabe des »13. Sonderheftes der Architektur des XX. Jahrhunderts«, Essen, 1980 (Hanns-Joachim Maßner), Bd. 96 (1981), 163–164

Klass, Gert von, Albert Vögler. Einer der Großen des Ruhrreviers, Tübingen, 1957, Bd. 74 (1958), 152–153

—, Die drei Ringe. Lebensgeschichte eines Industrieunternehmens (Krupp), Tübingen u. Stuttgart, Reiner Wunderlich, Hermann Leins, 1953, Bd. 69 (1953), 122

Klawun, Ruth, St. Ludgerus in Essen-Werden als Beispiel für preußische Denkmalpflegekonzepte im 19. Jahrhundert, Münster, Aschendorff, 1995 (Eva Winkler), Bd. 108 (1996), 323–325

Kleff, B. (Hrsg.), Bochum. Heimatbuch, Schürmann und Klagges, 1925, Bd. 43 (1926), 335–336

Klein, Adolf; Bockemühl, Justus (Hrsg.), 1770–1815. Weltgeschichte am Rhein erlebt. Erinnerungen des Rheinländers Christoph Wilhelm Henrich Sethe aus der Zeit des europäischen Umbruchs, Köln, Wienand, 1973 (Jürgen Brand), Bd. 90 (1975), 173–175

Klinkhammer, Karl Joseph, Adolf von Essen und seine Werke. Der Rosenkranz in der geschichtlichen Situation seiner Entstehung und in seinem bleibenden Anliegen. Eine Quellenforschung, Frankfurt a. M., Josef Knecht, 1972 (Joseph Weier), Bd. 91 (1976), 155–156

Klüting, Hermann, Soldaten in Westfalen und am Niederrhein. Das Königlich Preußische VII. Armeekorps, Beckum, 1982 (Norbert Krüger), Bd. 99 (1984), 245–246

Knocke, Erich (Hrsg.), Gesammeltes Vergnügen. Das Essener Markt- und Schaustellermuseum, Essen, Klartext, 2000 (Cordula Holtermann), Bd. 113 (2001), 442–444

Koch, Diether, Heinemann und die Deutschlandfrage, München, Chr. Kaiser, 1972 (Ernst Schröder), Bd. 88 (1973), 165–167

Koch, Horst Günther, Bevor die Lichter erloschen. Der Kampf um das Erz. Von Bergleuten und Gruben, vom Glanz und Elend des Bergbaus zwischen Sieg und Wied. Siegen, Eigenverlag H.G. Koch, 1971 (Ernst Schröder), Bd. 87 (1972), 341–342

Koch, Werner, Heinemann im Dritten Reich. »Ein Christ lebt für morgen«, Wuppertal, Aussaat, 1972 (Hanns-Joachim Maßner), Bd. 89 (1974), 146–148

Köhne-Lindenlaub, Renate, Die Villa Hügel. Unternehmerwohnsitz im Wandel der Zeit, München, Berlin, Deutscher Kunstverlag, 2002 (Cordula Holtermann), Bd. 114 (2002), 250–251

Köllmann, Wolfgang, Rheinland und Westfalen an der Schwelle des Industriezeitalters. In: Wirtschaft und Geschichte. 25 Jahre Westfälisches Wirtschaftsarchiv Dortmund. Jubiläumsfeier am 1. Dezember 1966, S. 11–38 (Gertrud Milkereit), Bd. 83 (1968), 129–130

Költzsch, Georg W., Phoenix Folkwang. Die Meisterwerke, Köln, DuMont, 2002 (Klaus Wisotzky), Bd. 115 (2003), 369–371

Körholz, Franz, Die Säkularisation und Organisation in den preußischen Entschädigungsländern Essen, Werden und Elten, 1802–1806 (Münstersche Beiträge zur Geschichtsforschung, N. F. XIV), Münster, Coppenrath, 1907, Bd. 30 (1909), 234–235

Koerner, Andreas, Zwischen Schloss und Schloten. Die Geschichte Borbecks, Bottrop, Henselowsky Boschmann, 1999 (Berthold Petzinna), Bd. 112 (2000), 303–306

Kostbarkeiten aus rheinischen Archiven. Katalog zur Ausstellung der Archivberatungsstelle Rheinland, Köln, Rheinland-Verlag, 1979 (Margrit Brand), Bd. 94 (1979), 217–219

Kraft, Fritz Gerhard, Die Familie Wallmichrath, ihre Sippen und Höfe. Ein Beitrag zur Geschichte der ehemal. Herrschaft Hardenberg im Niederbergischen Land, Essen, Selbstverlag Erich Wallmichrath, 1934, Bd. 53 (1935), 288

Kramer, Heinz Josef, Das Stift Essen. Münzen und Medaillen, Münster, Aschendorff, 1993 (Thomas Lux), Bd. 106 (1994), 171–173

Kremer, B.; Dreyer, Toni (Hrsg.), Westfälisches Geschlechterbuch, Bd. 1 (Bd. 108 des deutschen Geschlechterbuches), Görlitz, Starke, 1940, Bd. 59 (1940), 277

Krogmann, Willy, Die Heimatfrage des Heliand im Lichte des Wortschatzes, Seestadt Wismar, Hinstorffsche Verlagsbuchhandlung, 1937, Bd. 58 (1939), 205

Kromberg, Hermann Emil, Politische Strömungen und Wahlen im Stadt- und Landkreis Essen von der Novemberrevolution 1918 bis zur Reichstagswahl vom Dezember 1924, Phil. Diss. Bonn, 1968 (Ernst Schröder), Bd. 85 (1970), 247–249

Krüssmann, Holger, Kulturpfad-Lichtführung Stadt Essen, Essen, Schönfeldt u. Partner, 2002 (Klaus Wisotzky), Bd. 114 (2002), 240

Krupp. 1812–1912, Zum 100jährigen Bestehen der Firma Krupp und der Gußstahlfabrik zu Essen-Ruhr. Herausgegeben auf den hundertsten Geburtstag Alfred Krupps, Bd. 34 (1912), 312–313

Krupp, Gerhard, Auf Irrwegen zum Ziel, Tübingen, Jerusalem, Menora, 1980 (Hanns-Joachim Maßner), Bd. 95 (1980), 284–285

Kühn, Heinz, Auf den Barrikaden des mutigen Wortes. Die politische Redekunst von Ferdinand Lassalle und Otto von Bismarck, August Bebel und Jean Jaurès, Ludwig Frank und Karl Liebknecht, Rosa Luxemburg und Clara Zetkin, Giacomo Matteotti und Otto Wels, Kurt Schumacher und Konrad Adenauer, Bonn, 1986 (Karlotto Bogumil), Bd. 101 (1986/87), 109

Kühr, Herbert, Parteien und Wahlen im Stadt- und Landkreis Essen in der Zeit der Weimarer Republik. Unter besonderer Berücksichtigung des Verhältnisses von Sozialstruktur und politischen Wahlen, Düsseldorf, Droste, 1973 (Ernst Schröder), Bd. 92 (1977), 125–127

Küppers, Leonhard, Die Schatzkammer der Kathedralkirche in Essen (Der Münsterschatz), Bochum, F. Kamp, 1974 (Rainer Kahsnitz), Bd. 90 (1975), 171–172

—, Essen, Dom und Domschatz. Aufnahmen von Peter Happel, Königstein i. T., Langewiesche, 1975 (Hans Tümmler), Bd. 92 (1977), 128–129

Küppers-Braun, Ute, Frauen des hohen Adels im kaiserlich – freiweltlichen Damenstift Essen (1605–1803). Eine verfassungs- und sozialgeschichtliche Studie, zugleich ein Beitrag zur Geschichte der Stifte Thorn, Elten, Vreden und St. Ursula in Köln, Münster, Aschendorff, 1997 (Franz-Josef Wehnes), Bd. 109 (1997), 267–270

—, Macht in Frauenhand. 1000 Jahre Herrschaft adeliger Frauen in Essen, Essen, Klartext, 2002 (Jan Gerchow), Bd. 115 (2003), 347–350

Kulturamt der Stadt Essen (Hrsg.), 75 Jahre Städtisches Orchester Essen 1899–1974. Redaktion: Franz Feldens, Essen, Brinck & Co., 1974 (Heinz Kettering), Bd. 89 (1974), 141–142

Kulturdezernat der Stadt Essen (Hrsg.), Essen macht Geschichte. Ein Leitfaden zur Geschichtskultur vor Ort, Essen, Klartext, 1996 (Manfred Rasch), Bd. 108 (1996), 307–308

Lange, Gisela, Das ländliche Gewerbe in der Grafschaft Mark am Vorabend der Industrialisierung, Köln, Selbstverlag des RWWA, 1976 (Ernst Schröder), Bd. 93 (1978), 243–244

Lange, Klaus, Der Westbau des Essener Doms, Münster, Aschendorff, 2001 (Ralf Dorn), Bd. 114 (2002), 244–247

—, Die ehemalige Stiftskirche in Herdecke. Baugeschichte – Bauschichten, Essen, Klartext, 1997 (Thomas Gepp), Bd. 109 (1997), 291–293

Lantermann, Friedrich, Alfredushaus Aktien-Gesellschaft Essen 1897–1935. Eine sozial- und wirtschaftsgeschichtliche Studie, Essen, 1996 (Klaus Wisotzky), Bd. 109 (1997), 275–276

Lepper, Herbert, Die Einheit der Wissenschaften. Der gescheiterte Versuch der Gründung einer »Rheinisch-Westfälischen Akademie der Wissenschaften« in den Jahren 1907 bis 1910, Opladen, Westdeutscher Verlag, 1987 (Paul Derks), Bd. 102 (1988), 204–205

Lesebuchkreis Altenessen (Hrsg.), »Wir müssen uns erinnern, damit sich diese Zeit nicht wiederholt.« Altenessen unter dem Hakenkreuz 1933–1945. Erinnerungen und Berichte von Zeitzeugen, Essen, 2000 (Berthold Petzinna), Bd. 113 (2001), 433–434

Lindemann, Klaus, Deutsch denken, reden, schreiben. Schule, Deutschunterricht und Abitur 1932–1940, dargestellt am Beispiel der Essener Gymnasien Borbeck und Bredeney, Frankfurt a. M., Peter Lang, 2003 (Michael Zimmermann), Bd. 116 (2004), 373–376

Locht, Volker van der, Von der karitativen Fürsorge zum ärztlichen Selektionsblick. Zur Sozialgeschichte der Motivstruktur der Behindertenfürsorge am Beispiel des Essener Franz-Sales-Hauses, Opladen, Leske u. Budrich, 1997 (Uwe Kaminsky), Bd. 110 (1998), 165–168

Lohmann, Friedrich Wilhelm (Hrsg.), Historisches Archiv des Erzbistums Köln. Quellen und Hinweise zu bistumsgeschichtlichen Forschungen, Heft 1, 1928, Bd. 46 (1928), 425

Loo, Leo van de, Heimatbuch der Gemeinde Altendorf an der Ruhr, 1939, Bd. 59 (1940), 277

—, Alfred Honnête. 75 Jahre, 1881–1956, Essen, 1956, Bd. 71 (1956), 145

—, Bernsau. Zur Geschichte des Ritter- und Bauerngeschlechts (1150–1940) mit einer Geschichte der niederbergischen Herrschaft Hardenberg und vieler niederbergischer Höfe, Essen, 1940, Bd. 61 (1941), 87

— (Schriftleitung), Loo-Blätter. Familien-Zeitschrift für die Sippe Loo, Essen, 1935, Bd. 53 (1935), 289

Lotfi, Gabriele, KZ der Gestapo. Arbeitserziehungslager im Dritten Reich, Stuttgart, München, Deutsche Verlags-Anstalt, 2000 (Anselm Faust), Bd. 112 (2000), 352–353

Lundt, Bea (Hrsg.), Vergessene Frauen an der Ruhr. Von Herrscherinnen und Hörigen, Hausfrauen und Hexen 800–1800, Köln, Weimar, Wien, 1992 (Maria Hillebrandt), Bd. 108 (1996), 332–336

Maas, Michael Ludger, Friedrich Wilhelm Bümsen. Der Tambour von Le Bourget, Essen, 1997 (Joachim Schulz-Hönerlage), Bd. 109 (1997), 274–275

Marfording, Birthe (Hrsg.), Schloß Borbeck und sein Park. Oberhof – Wasserburg – Lustschloss – Residenz und Bürgerzentrum im Wandel der Jahrhunderte, Fulda, Fuldaer Verlagsanstalt, 1999 (Berthold Petzinna), Bd. 112 (2000), 303–306

—, Die Dubois-Arena. Die Geschichte einer Boxsport-Arena, hrsg. vom Bürger- und Verkehrsverein Borbeck, Essen, 1997 (Andreas Koerner), Bd. 109 (1997), 283–284

Marré, Wilhelm, Die Entwickelung der Landeshoheit in der Grafschaft Mark bis zum Ende des 13. Jahrhunderts, Dortmund, Ruhfus, 1907, Bd. 30 (1909), 229–231

Maßner, Hanns-Joachim, Aus Vergangenheit und Gegenwart unserer Kirche in Essen (Kleine Essendische Kirchengeschichte), Köln, Rheinlandverlag, 1978 (Karlotto Bogumil), Bd. 93 (1978), 257

Matschoß, Conrad; Lindner, Werner (Hrsg.), Technische Kulturdenkmale, München, F. Bruckmann AG, 1932, Bd. 50 (1932), 360

Meis, Hans, Der Ruhrbergbau im Wechsel der Zeiten. Festschrift zum 75jährigen Bestehen des Vereins für die bergbaulichen Interessen, Essen, 1933, Bd. 52 (1934), 221

Menges, Dietrich Wilhelm von, Unternehmensentscheide. Ein Leben für die Wirtschaft, Düsseldorf, Econ, 1976, Bd. 92 (1977), 127–128

Mertes, Das Werden der Dortmunder Wirtschaft, Dortmund, Fr. Wilh. Ruhfus, 2. Aufl. 1942, Bd. 62 (1947), 113–114

Metzendorf, Rainer; Mikuscheit, Achim, Margarethenhöhe – Experiment und Leitbild. 1906–1996, hrsg. von der Margarethe-Krupp-Stiftung, Bottrop, Essen, Pomp, 1997 (Klaus Wisotzky), Bd. 110 (1998), 177–178

Mews, Karl, 100 Jahre Huyssens-Stiftung. Evangelisches Krankenhaus Essen 1854–1954, Essen, 1954; Bd. 70 (1955), 133

—, 100 Jahre Städtische Sparkasse Essen, Essen, 1941, Bd. 61 (1941), 87–88

—, Gesellschaft Verein Essen. 1828–1953, Essen, W. Girardet, 1953, Bd. 69 (1953), 122–123

—, Ruhrzechen. Lithographien von Paul Ricken, Essen, Selbstverlag, 1931, Bd. 49 (1931), 456

Meyer, Carl, Geschichte der Bürgermeistereien Stoppenberg, Rotthausen und Kray-Leithe, ihrer Gemeinden, Höfe und Industrie, sowie des ehemaligen freiweltlich-adeligen Damenstifts Stoppenberg. Dritte völlig umgearbeitete und erweiterte Auflage, Essen, Fredebeul & Koenen, 1914, Bd. 36 (1917), 213–214

Meyer, Heinz, Die Persönlichkeit und die Bedeutung des Essener Arztes Georg Florentin Heinrich Brüning, Dissertation Universität Köln, 1955, Bd. 71 (1956), 144

Midunsky, Max-Josef (Hrsg.), Aus Hertens Vergangenheit, (Beiträge zur Geschichte und Heimatkunde, Heft 1), Münster, 1955, Bd. 70 (1955), 134

Mittweg, Karl; Bart, Jan, Werdener Nachlese. »Aus der Mittwegtruhe, seltene Fotos, ausgewählt von Karl Mittweg« und »Werdener Nachlese, die letzten Geschichtsplaudereien des Jan Bart«, Kettwig, F. Flothmann, 1977 (Hanns-Joachim Maßner), Bd. 93 (1978), 250–251

Mohaupt, Helga, Kleine Geschichte Essens. Von den Anfängen bis zur Gegenwart, Bonn, 1991 (Paul Derks), Bd. 104 (1991/92), 236–238

—, Kleine Geschichte Essens. Von den Anfängen bis zur Gegenwart, Essen, Klartext, 3. durchges. u. erw. Aufl. 2002 (Jörg Engelbrecht), Bd. 115 (2003), 341–345

—; Somplatzki, Herbert, Der Bühne zugewandt. Von der Volksbühne zum Essener Theaterring 1922–1997, Essen, Klartext, 1997 (Klaus Wisotzky), Bd. 110 (1998), 180–182

Morsey, Rudolf, Brüning und Adenauer. Zwei deutsche Staatsmänner, Düsseldorf, Droste, 1972 (Ernst Schröder), Bd. 88 (1973), 164–165

Most, Otto, Drei Jahrzehnte an Niederrhein, Ruhr und Spree, Duisburg, W. Braun, 1969 (Ernst Schröder), Bd. 84 (1969), 208–210

Muck, Hertha, Dr. Otto Muck in Memoriam, Essen, 1949, Bd. 67 (1952), 275

Mülhaupt, Erwin, Rheinische Kirchengeschichte. Von den Anfängen bis 1945, Düsseldorf, 1970 (Ernst Schröder), Bd. 87 (1972), 334–335

Müller, Walter, Vom Wöchnerinnenasyl zum Universitätsklinikum. Die Geschichte des städtischen Krankenhauswesens in Essen, Münster, Murken-Altrogge, 1981 (Hanns-Joachim Maßner), Bd. 96 (1981), 168–169

Münzfreunde Essen e. V., Schriftenreihe, Bd. 1–4, 1976–1979 (Hanns-Joachim Maßner), Bd. 95 (1980), 288–289

1969–1979, Orthopädische Universitätsklinik und Poliklinik Essen, Uelzen, Medizinisch Literarische Verlagsgesellschaft, 1979 (Hanns-Joachim Maßner), Bd. 96 (1981), 168–169

Niklaß, Anja, »Wenn die Gewaltigen klug sind …«. Die Essener Wohnungs- und Bodenpolitik 1885–1915, Marburg, Tectum, 1999 (Frank Kerner), Bd. 112 (2000), 314–317

Norbisrath, Gudrun (Hrsg.), Gestohlene Jugend. Der Zweite Weltkrieg in Erinnerungen, Essen, Klartext, 2000 (Volker van der Locht), Bd. 113 (2001), 435–436

Oberkalkofen, Elsa, Die Sippe Duden in sechs Jahrhunderten, Köln, 1992 (Wilfried Vogeler), Bd. 104 (1991/92), 248–249

Oediger, Friedrich Wilhelm, Vom Leben am Niederrhein. Aufsätze aus dem Bereich des alten Erzbistums Köln, Düsseldorf, Schwann, 1973 (Notker Hammerstein), Bd. 91 (1976), 158–159

Olmer, Beate, Wasser. Historisch. Zur Bedeutung und Belastung des Umweltmediums im Ruhrgebiet 1870–1930, Frankfurt a. M., P. Lang, 1998 (Gunther Annen), Bd. 111 (1999), 407–409

Ophüls, Wilhelm, Alt-Langenberg. Ein Heimatbuch, Langenberg, W. Hermann, 1936, Bd. 54 (1936), 191

Pankoke, Barbara, Der Essener Architekt Edmund Körner (1874–1940). Leben und Werk, Weimar, Verlag u. Datenbank für Geisteswissenschaften, 1996 (Thorsten Ebers), Bd. 109 (1997), 278–283

Parent, Thomas, Kirchen im Ruhrrevier 1850–1935, Münster, Ardey, 1993 (Andreas Benedict), Bd. 106 (1994), 187–191

Parzany, Ulrich, Im Einsatz für Jesus. Programm und Praxis des Pfarrers Wilhelm Busch, Gladbeck, Schriftenmissionsverlag, 1973 (Hanns-Joachim Maßner), Bd. 89 (1974), 146–148

Paul, Johann, Alfred Krupp und die Arbeiterbewegung, Düsseldorf, Schwann, 1987 (Frank Bajohr), Bd. 102 (1988), 202–204

Perst, Otto, Die Kaisertochter Sophie. Äbtissin von Gandersheim und Essen (975–1039), (Braunschweigisches Jahrbuch, Bd. 38), 1957, Bd. 74 (1958), 154

Peters, Ralf, 100 Jahre Wasserwirtschaft im Revier. Die Emschergenossenschaft 1899–1999, Bottrop, Essen, Pomp, 1999 (Thomas Dupke), Bd. 112 (2000), 345–348

—; Zehnter, Annette, Grenzen überwinden: 150 Jahre Th. Goldschmidt, hrsg. von der Th. Goldschmidt AG, Bottrop, Essen, Pomp, 1997 (Ulrich Nitsche), Bd. 110 (1998), 170–174

Petri, Franz; Droege, Georg (Hrsg.), Rheinische Geschichte in drei Bänden, Bd. 2: Neuzeit, Düsseldorf, Schwann, 2. Aufl. 1976 (Ernst Schröder), Bd. 92 (1977), 120–124

Petzina, Dietmar, Krisen gestern und heute – Die Rezession von 1974/75 und die Erfahrungen der Weltwirtschaftskrise, Dortmund, Selbstverlag der Gesellschaft für Westfälische Wirtschaftsgeschichte e. V., 1977 (Ernst Schröder), Bd. 93 (1978), 232–234

Pfeiffer, G., Westfälisches Bauerntum. Bildwiedergaben ausgewählter Urkunden und Akten zur Geschichte Westfalens, Mappe V, Münster, 1935, Bd. 53 (1935), 288–289

Plato, Alexander von, »Der Verlierer geht nicht leer aus«. Betriebsräte geben zu Protokoll, Berlin, Bonn, Dietz, 1984 (J. Dick), Bd. 99 (1984), 250–251

Poll, Bernhard (Hrsg.), Rheinische Lebensbilder, Bd. 4, Düsseldorf, Rheinland-Verlag, 1970 (Ernst Schröder), Bd. 87 (1972), 336–338

Portmann, Gerhard, »Der Rixdaller ist VII Ort.« – Über Geld und Rechenwährungen im Mülheimer Raum von der Zeit Karls des Großen bis zum Beginn des Ersten Weltkrieges, in: Zeitschrift des Geschichtsvereins Mülheim a. d. Ruhr, Heft 72/2001 (Heinz Josef Kramer), Bd. 114 (2002), 256–259

Pothmann, Alfred (Hrsg.), Bischof Altfrid. Leben und Werk, Essen, Ludgerus-Verlag, 1974 (Karlotto Bogumil), Bd. 90 (1975), 169–170

— (Hrsg.), Die Kirche des heiligen Liudger, Mülheim, Hoppe u. Werry, 1975 (Ernst Schröder), Bd. 91 (1976), 169–170

—, Altfrid. Bischof und Staatsmann. Mülheim, Hoppe & Werry, 1974 (Karlotto Bogumil), Bd. 90 (1975), 171

Potthoff, Ludwig, Rellinghausen im Wandel der Zeit, Essen, Selbstverlag, 1953, Bd. 69 (1953), 122

Probst, Anke, Helene Amalie Krupp, Stuttgart, Franz Steiner, 1985 (Katarina Sieh-Burens), Bd. 101 (1986/87), 105–106

Prochaska, Berthold, Die Marienkapelle am Düppenberg. Geschichte und Geschichten von der ehemaligen Düppenberg-Kapelle, Essen, Selbstverlag, 2000 (Peter Heidutzek), Bd. 113 (2001), 429–430

Radzio, Heiner, Leben können an der Ruhr. 50 Jahre Kleinkrieg für das Revier, Düsseldorf, Econ, 1970 (Erich Wallmichrath), Bd. 86 (1971), 245–247

Rasch, Manfred u. a. (Bearb.), Industriefilm – Medium und Quelle: Beispiele aus der Eisen- und Stahlindustrie, Essen, 1997 (Jürgen Malone), Bd. 111 (1999), 412–413

Redlich, Otto R., Quellen zur Rechts- und Wirtschaftsgeschichte der rheinischen Städte.-Bergische Städte. III. Ratingen (Publikat. der Gesellsch. f. rhein. Geschichtsk., XXIX), Bonn, Hanstein, 1928, Bd. 46 (1928), 426

—, Staat und Kirche am Niederrhein zur Reformationszeit, (Schriften des Vereins für Reformationsgeschichte Nr. 164), Leipzig, M. Heinsius Nachf., Bd. 58 (1939), 206

Reichart, Andrea, Alltagsleben im späten Mittelalter. Der Übergang zur frühen Neuzeit am Beispiel der Stadt Essen (1400–1700), Essen, Item-Verlag, 1992 (Paul Derks), Bd. 105 (1993), 215–219; (Thomas Lux), Bd. 105 (1993), 219–225

Reimann, Norbert, Königshof – Pfalz – Reichsstadt. Bilder und Texte zur Entstehung der Stadt Dortmund, Dortmund, 1984 (Karlotto Bogumil), Bd. 101 (1986/87), 105

Reulecke, Jürgen (Hrsg.), Arbeiterbewegung an Rhein und Ruhr. Beiträge zur Geschichte der Arbeiterbewegung in Rheinland – Westfalen, Wuppertal, Peter Hammer, 1974 (Hanns-Joachim Maßner), Bd. 94 (1979), 221–222

— (Hrsg.), Die deutsche Stadt im Industriezeitalter. Beiträge zur modernen deutschen Stadtgeschichte, Wuppertal, Peter Hammer, 1978 (Ulrich Kemper), Bd. 93 (1978), 240–243

—; Weber, Wolfhard, Fabrik, Familie, Feierabend. Beiträge zur Sozialgeschichte des Alltags im Industriezeitalter, Wuppertal, Peter Hammer, 1978 (Ernst Schröder), Bd. 94 (1979), 213–217

Rheinisch-Westfälisches Wirtschaftsarchiv zu Köln (Hrsg.), Beiträge zur Geschichte der Moselkanalisierung, Köln, 1967 (Bodo Herzog), Bd. 83 (1968), 131–133

Rheinische Presbyterial- und Synodal-Protokolle. Ein Sammelbericht (Hanns-Joachim Maßner), Bd. 88 (1973), 148–153

Ried-Eitzen, Das Bauernhaus im Niederbergisch-Westfälischen Grenzgebiet, Wuppertal-Elberfeld, 1955, Bd. 70 (1955), 134–135

Rieger, Ernst (Hrsg.), Westfälische Forschungen, Mitteilungen des Provinzialinstituts für westfälische Landes- und Volkskunde, Münster, Aschendorff, 1938, Bd. 57 (1938), 147–148

Rißmann-Ottow, Guido, 50 Jahre HBV: Die Essener Geschichte, hrsg. von der Gewerkschaft Handel, Banken und Versicherungen, Bottrop, Pomp, 1998 (Volker van der Locht), Bd. 111 (1999), 401–403

—, Glück ab! Frühe Luftfahrt im Revier, Essen, Klartext, 2002 (Volker van der Locht), Bd. 114 (2002), 251–253

Roden, Günter von, Die Universität Duisburg. Mit einem Beitrag von Hubert Jedin: Der Plan einer Universitätsgründung in Duisburg, Duisburg, W. Braun, 1968 (Lutz Hatzfeld), Bd. 85 (1970), 240–242

—, Geschichte der Stadt Duisburg, Bd. 1: Das alte Duisburg von den Anfängen bis 1905, Duisburg, W. Braun, 1970 (Hanns-Joachim Maßner), Bd. 87 (1972), 335–336

Roeser, Frank, Das Sondergericht Essen 1942–1945, Baden-Baden, Nomos, 2000 (Michael Zimmermann), Bd. 113 (2001), 438–439

Roseman, Mark, In einem unbewachten Augenblick. Eine Frau überlebt im Untergrund, Berlin, Aufbau, 2002 (Stefan Goch), Bd. 115 (2003), 372–374

Rother, Thomas, Die Krupps. Durch fünf Generationen Stahl, Frankfurt a. M., New York, Campus, 2001 (Burkhard Beyer), Bd. 113 (2001), 419–420

Rudert, Fritz, Essen in Schwarz-Weiß, Essen, Selbstverlag, 1953, Bd. 69 (1953), 121

Rühle, Herbert (Hrsg.), Quellen und Forschungen zur Geschichte der Stadt Mülheim an der Ruhr (ehemal. Herrschaft Broich). Folge 1: Das Werden einer Großstadt, 1939; Folge 2: Jansen, G., Die Persönlichkeiten und die Zeit der Leininger Grafen in der Unterherrschaft Broich im 17. und 18. Jahrhundert, Bd. 61 (1941), 87

Ruhrland. Heimat und Familie, Essen, Fredebeul & Koenen, Bd. 53 (1935), 289

Ruhrlandmuseum Essen (Hrsg.), Die Erfindung des Ruhrgebiets: Arbeit und Alltag um 1900. Katalog zur sozialhistorischen Dauerausstellung, Essen, Pomp, 2000 (Stefan Goch), Bd. 112 (2000), 343–345

Sandkühler, Stefan (Hrsg.), Familienbuch Sandkuhle-Sandkühler, 2 Bde. u. Registerheft, Stuttgart, Selbstverlag, 1975 (Hanns-Joachim Maßner), Bd. 93 (1978), 251–252

Sauerbrei, Max, Die Sachsen und Thüringer im Ruhrgebiet, Dortmund, 1950, Bd. 67 (1952), 275

Schäfer, Karl Heinrich, Die Kanonissenstifter im deutschen Mittelalter (Kirchenrechtliche Abhandlungen, hrsg. von Ulr. Stutz, Heft 43 u. 44), Stuttgart, Ferd. Enke, 1907, Bd. 30 (1909), 225–227

Schanetzky, Tim, Endstation Größenwahn. Die Geschichte der Stadtsanierung in Essen-Steele, Essen, Klartext, 1998 (Irene Wiese von Ofen), Bd. 111 (1999), 403–404

Scheytt, Oliver; Stöckemann, Patricia; Zimmermann, Michael (Hrsg.), Tanz-Lese. Eine Geschichte des Tanzes in Essen, Essen, Klartext, 2000 (Erika Münster-Schröer), Bd. 112 (2000), 322–325

Schilfgaarde, A. P. van, Zegels en genealogische gegevens van de graven en hertogen van Gelre, graven van Zutphen, Arnhem, S. Gouda Quint-D. Brouwer en zoon, 1967 (Wilfried Vogeler), Bd. 85 (1970), 238–239

Schimmel, Wilhelm, 100 Jahre Fernmeldeamt Essen. 1857–1957, Essen, 1957, Bd. 74 (1958), 153

Schlagheck, Michael; Berghaus, Günter (Hrsg.), »Dem Leben auf den Grund gehen«. Emil Wachters Adveniat-Krypta in der Essener Münsterkirche, Essen, Klartext, 2002 (Hans Müskens), Bd. 115 (2003), 374–377

Schmidt, Ernst, Freie Schule. Die Geschichte der bekenntnisfreien Volksschulen in Essen 1923 bis 1933, Essen, awo-publik, o. J. (Volker van der Locht), Bd. 108 (1996), 327–328

—, Lichter in der Finsternis, Bd. 3: Essener Opfer der Stalin-Ära, oppositionelle Linke und Fahnenflüchtige 1933–1945, Essen, Klartext, 1994 (Anselm Faust), Bd. 108 (1996), 328–329

—, Lichter in der Finsternis. Widerstand und Verfolgung in Essen 1933–1945. Erlebnisse – Berichte – Forschungen – Gespräche, Frankfurt a. M., Röderberg, 1979 (Hanns-Joachim Maßner), Bd. 94 (1979), 222–223

—, Vom Staatsfeind zum Stadthistoriker. Rückblick auf mein bewegtes Leben, Essen, Klartext, 1998 (Klaus Tenfelde), Bd. 111 (1999), 399–401

—; Zimmermann, Michael (Hrsg.), Essen erinnert. Orte der Stadtgeschichte im 20. Jahrhundert, Essen, Klartext, 3. überarb. u. erw. Aufl. 2002 (Stefan Goch), Bd. 114 (2002), 241–242

Schmidt, Vera (Bearb.), August Thyssen und Hugo Stinnes. Ein Briefwechsel 1898–1922, hrsg. von Manfred Rasch und Gerald D. Feldman, München, C. H. Beck, 2003 (Klaus Wisotzky), Bd. 116 (2004), 384–386

Schmithals, Otto, Drei freiherrliche Stifter am Niederrhein, Sonderdruck aus den Annalen des Historischen Vereins für den Niederrhein, Heft 84, S. 103–180 (auch als Bonner Dissertation gedruckt), Bd. 30 (1909), 231–232

Schmitz, Herbert, Bredeney. Rittersitze, Höfe, Kotten und ihre Bewohner, Bottrop, Essen, Pomp, 1998 (Susanne Haeger), Bd. 110 (1998), 157–158; (Paul Derks), Bd. 110 (1998), 158–160

—, Höfe, Kotten und ihre Bewohner. Ein Beitrag zur Siedlungsgeschichte der Vororte Fulerum, Haarzopf, Ickten, Kettwiger Umstand, Raadt, Roßkothen, Schuir, Mülheim a. d. Ruhr, 1990 (Susanne Haeger), Bd. 104 (1991/92), 246–247

—, Höfe, Kotten und ihre Bewohner. Ein Beitrag zur Siedlungsgeschichte der Vororte Fulerum, Haarzopf, Ickten, Kettwiger Umstand, Raadt, Bredeney und Schuir. Bd. II und Nachlese, Essen, Pomp, 1993 (Susanne Haeger), Bd. 106 (1994), 183–185

Schmitz, Hubert, Die Bewirtschaftung der Nahrungsmittel und Verbrauchsgüter 1939–1950. Dargestellt an dem Beispiel der Stadt Essen, Essen, 1956, Bd. 74 (1958), 153–154

Schnath, Georg, Hannover und Westfalen in der Raumgeschichte Nordwestdeutschlands, Braunschweig-Berlin-Hamburg, Georg Westermann, 1932, Bd. 50 (1932), 361–362

Schneider, Sigrid (Hrsg.), Bildberichte. Aus dem Ruhrgebiet der Nachkriegszeit, Essen, Pomp, 1995 (Berthold Petzinna), Bd. 108 (1996), 329–330

Schneider, Werner, Jüdische Heimat Vest. Gedenkbuch der jüdischen Gemeinden im Kreis Recklinghausen, Recklinghausen, Rudolf Winkelmann, 1983 (Ludger Heid), Bd. 99 (1984), 247–250

Schoeps, Hans-Joachim (Hrsg.), Neue Quellen zur Geschichte Preußens im 19. Jahrhundert, Berlin, Haude und Spener, 1968 (Ernst Schröder), Bd. 85 (1970), 243–245

Schotte, Heinrich, Studien zur Geschichte der westfälischen Mark und Markgenossenschaft, mit besonderer Berücksichtigung des Münsterlandes (Münstersche Beiträge zur Geschichtsforschung, N. F. XVII), Münster, Franz Coppenrath, 1908, Bd. 30 (1909), 227–229

Schröder, Ernst, Die Konsumanstalt Friedr. Krupp. 1858–1958, Essen, 1958, Bd. 74 (1958), 151

Schröer, Astrid, »... und sonntags in die Gruga.« – Die Geschichte des Essener Volksparks, Essen, Nobel, 1996 (Wolfgang Gaida), Bd. 109 (1997), 284

Schroer, Hans, Rellinghausen und seine Geschichte, Essen, Tosch, 1991 (Paul Derks), Bd. 106 (1994), 174–178

Schröter, Hermann, Geschichte und Schicksal der Essener Juden. Ein Gedenkbuch für die jüdischen Mitbürger der Stadt Essen, Essen, 1980 (Hanns-Joachim Maßner), Bd. 96 (1981), 161–163

Schuchhardt, Vorgeschichte von Deutschland, 3. verbesserte Auflage, 1935, und Deutsche Vor- und Frühgeschichte in Bildern, 1936, München, Berlin, R. Oldenburg, Bd. 54 (1936), 190

Schulte, Eduard, Carl Humann, der Entdecker des Weltwunders von Pergamon, Dortmund, Ardey, 1971 (Erich Schumacher), Bd. 86 (1971), 241–243

—, Geschichte der Freiheit Wattenscheid. Festschrift der Stadt Wattenscheid zu ihrer 500-Jahr-Feier, Karl Busch, Wattenscheid, 1925, Bd. 43 (1926), 335–336

—, Hansestädte des Ruhrreviers in Bildern und Beschreibungen, Bochum, Laupen-mühlen & Dierichs, 1965 (Gerhard Bechthold), Bd. 86 (1971), 240–241

—, Urkunden und Akten zur Geschichte von Wattenscheid, Bd. II: Das Stadtarchiv Wattenscheid und das evangelische Archiv Wattenscheid, Wattenscheid, Karl Busch, 1935, Bd. 54 (1936), 189

—, Veröffentlichungen des Archives Wanne, Band I: Die Bevölkerung des Amtes Bochum im Jahre 1664, Wattenscheid, Karl Busch, 1925, Bd. 43 (1926), 336

Schulze, Wolfgang, Das große Essener Sagenbuch. Sagen, Legenden und sagenhafte Erzählungen, Essen, 1990 (Paul Derks), Bd. 104 (1991/92), 243–246

—, Die schönsten Sagen aus Essen, nacherzählt und hrsg. von Wolfgang Schulze, Bd. 1, Essen, 1979, u. Bd. 2, Essen, 1980 (Hanns-Joachim Maßner), Bd. 96 (1981), 166

—; Weiler, Arnold, Essener Erinnerungen, Essen, 1980 (Hanns-Joachim Maßner), Bd. 96 (1981), 166–167

—; Weiler, Arnold, Krupp und Essen, Essen, 1978, (Hanns-Joachim Maßner), Bd. 96 (1981), 166–167

Schumacher, Martin, Auslandsreisen deutscher Unternehmer 1750–1851 unter besonderer Berücksichtigung von Rheinland und Westfalen, Köln, 1968 (Ernst Schröder), Bd. 85 (1970), 242–243

Schunder, Friedrich, Tradition und Fortschritt. 100 Jahre Gemeinschaftsarbeit im Ruhrbergbau, Stuttgart, Kohlhammer, 1959, Bd. 77 (1961), 69

Schwabe, Klaus (Hrsg.), Oberbürgermeister. Büdinger Forschungen zur Sozialgeschichte, Boppard, H. Boldt, 1981 (Ernst Schröder), Bd. 98 (1983), 140–143

Schweer, Dieter; Thieme, Wolf (Hrsg.), »Der gläserne Riese« RWE – Ein Konzern wird transparent, Wiesbaden, Gabler, 1997 (Klaus Wisotzky), Bd. 110 (1998), 174–177

Sellmann, Wilhelm, Essener Bibliographie 1574–1960, Bd. 1, Essen, 1980 (Hanns-Joachim Maßner), Bd. 96 (1981), 161–163

Sen, Faruk; Jahn, Gerhard (Hrsg.), Wahlrecht für Ausländer. Stand und Entwicklung in Europa, Frankfurt a. M., Dagyeli, 1985 (Ludger Heid), Bd. 101 (1986/87), 109–110

Siebrecht, Fritz, Altenessen. Monographien deutscher Landgemeinden, hrsg. von Erwin Stein im Auftrage des Verbandes der größeren preußischen Landgemeinden, Band II, Berlin-Friedenau, Deutscher Kommunalverlag, 1915, Bd. 36 (1917), 214–215

Sölter, Walter (Hrsg.), Das römische Germanien aus der Luft, Bergisch Gladbach, Gustav Lübbe, 1981 (Thomas Parent), Bd. 99 (1984), 244–245

Soénius, Ulrich S., Wirtschaftsbürgertum im 19. und frühen 20. Jahrhundert. Die Familie Scheidt in Kettwig 1848–1925, hrsg. von der Stiftung Rheinisch-Westfälisches Wirtschaftsarchiv zu Köln, Köln, Selbstverlag der Stiftung RWWA, 2000 (Thomas Dupke), Bd. 113 (2001), 426–429

Spethmann, Hans (Hrsg.), Die Stadt Essen, Berlin, Paul Schmidt, 1938, Bd. 57 (1938), 148–149

—, Das Ruhrgebiet im Wechselspiel von Land und Leuten, Wirtschaft, Technik und Politik, 2 Bde., Berlin, 1933, Bd. 52 (1934), 221–222

—, Das Ruhrgebiet, 3. Bd.: Das Ruhrgebiet der Gegenwart, Berlin, Paul Schmidt, 1938, Bd. 57 (1938), 147,

—, Die ersten Mergelzechen im Ruhrgebiet, Essen, 1947, vorläufige Ausgabe, Bd. 63 (1948), 160

—, Forschungen zur Geschichte des Ruhrbergbaus, Bd. 1, Heft 1 u. 2, Essen, 1951, Bd. 67 (1952), 274

—, Franz Haniel. Sein Leben und sein Wirken, Duisburg-Ruhrort, 1956, Bd. 71 (1956), 145

—, Neue Forschungen zur Geschichte der rheinisch-westfälischen Industrie. Denkschriften: Der Märkische Ruhrkohlenbergbau von 1539 bis 1662, Essen, 1944; Die Haniels in Ruhrort bis zu den Befreiungskriegen, 1. Teil, 1942, und 2. Teil, 1944, Essen; Neue Ergebnisse der Dinnendahl-Forschung, Essen, 1942, Bd. 62 (1947), 114–115

—, Wie unser Ruhrgebiet wurde, Berlin, Paul Schmidt, 1936, Ders., Fünfzig Jahre Verein technischer Grubenbeamten Oberhausen, 1885–1935, Gelsenkirchen, 1935, Ders., Der Verband technischer Grubenbeamten, 1886–1936, Gelsenkirchen, Carl Bertenburg, 1936, Bd. 55 (1937), 182

—, Zwölf Jahre Ruhrbergbau. 1914 bis 1925, 5 Bde., Berlin, Reimar Hobbing, Bd. 49 (1931), 455–456

Spörhase, Rolf; Wulff, Dietrich u. Ingeborg, Ruhrgebiet 1840–1930–1970, Stuttgart, Kohlhammer, 1976 (Gerhard Bechthold), Bd. 92 (1977), 132–133

Stadt Essen (Hrsg.), Dem Wandel auf der Spur. Strukturveränderungen der Stadt Essen in Ansichten und Analysen, Essen, Klartext, 1999 (Tim Schanetzky), Bd. 112 (2000), 330–332

Stadt Velbert; Bergischer Geschichtsverein, Abteilung Velbert (Hrsg.), »Historische Beiträge« Velbert, Neviges, Langenberg, H. 1–3, Velbert 1975–1978 (Hanns-Joachim Maßner), Bd. 93 (1978), 247–248

Stadtverwaltung Oberhausen (Hrsg.), Oberhausen. Heimatbuch-75 Jahre Oberhausen, Oberhausen, Rheinische National-Druckerei und Verlag, 1937, Bd. 57 (1938), 148–149

Starzinger, Anneli, Kommunikationsraum Szenekneipe. Annäherung an ein Produkt der Erlebnisgesellschaft, Wiesbaden, Deutscher Universitäts-Verlag, 2000 (Burkhard Beyer), Bd. 112 (2000), 353–355

Staub, August Wilhelm, Kumpel Student. Vier Werkjahre im deutschen Bergbau, Deutscher Hochschul-Verlag, 1932, Bd. 52 (1934), 225

Stehkämper, Hugo (Hrsg.), Konrad Adenauer, Oberbürgermeister von Köln. Festgabe der Stadt Köln zum 100. Geburtstag ihres Ehrenbürgers am 5. Januar 1976, Köln, Rheinland-Verlag, 1976 (Ernst Schröder), Bd. 91 (1976), 167–168

Steinbicker, Clemens (Bearb.), Deutsches Geschlechter-Buch, Bd. 173 (Westfälisches Geschlechter-Buch, 4. Bd.), Limburg a. d. Lahn, C.A. Starke, 1976 (Wilfried Vogeler), Bd. 92 (1977), 130–132

Steinbicker, Clemens (Bearb.), Deutsches Geschlechterbuch, Bd. 181 (Westfälisches Geschlechterbuch, Bd. 5), Limburg a. d. Lahn, C. A. Starke, 1979 (Wilfried Vogeler), Bd. 95 (1980), 281–282

Steitz, Walter, Die Entstehung der Köln-Mindener Eisenbahngesellschaft. Ein Beitrag zur Frühgeschichte der deutschen Eisenbahnen und des preußischen Aktienwesens, Köln, Selbstverlag des RWWA, 1974 (Karlotto Bogumil), Bd. 91 (1976), 160–161

Stenglein, Frank, Krupp. Höhen und Tiefen eines Industrieunternehmens, Düsseldorf, Econ, 1998 (Ulrich Nitsche), Bd. 111 (1999), 392–394

Stokar, W. von; Kallen; Grimm; Plümer, F., Rheinische Geschichte als Spiegel der deutschen Geschichte, Düsseldorf, L. Schwann, 1940, Bd. 59 (1940), 277–278

Stoll, Johannes P.; Krüger, Norbert (Bearb.), Bombennächte 1940–1945 in Rellinghausen und Stadtwald, hrsg. von der Bürgerschaft Rellinghausen-Stadtwald e. V., Essen, Selbstverlag, 2003 (Walter Gerschler), Bd. 116 (2004), 380–382

Stoltzenburg, André; Flocke, Sarah-Janine, Essener Lokalrunde. Gewusst, geraten, gewonnen: das Quiz zur Stadt, Bochum, biblioviel, 2002 (Andreas Koerner), Bd. 115 (2003), 345

Stoob, Heinz (Hrsg.), Deutscher Städteatlas. Lieferung IV: Essen. Bearb. von Heinz K. Junk, Altenbeken, 1989 (Thomas Lux), Bd. 104 (1991/92), 238–240

Stüwer, Wilhelm, Die Reichsabtei Werden an der Ruhr, Berlin, de Gruyter, 1980 (Hanns-Joachim Maßner), Bd. 96 (1981), 161–163

Taddey, Gerhard (Hrsg.), Lexikon der deutschen Geschichte. Personen, Ereignisse, Institutionen. Von der Zeitwende bis zum Ausgang des 2. Weltkrieges, Stuttgart, Alfred Kröner, 1977 (Karlotto Bogumil), Bd. 93 (1978), 255

Taubert, Rolf, Autonomie und Integration. Das Arbeiter-Blatt Lennep. Eine Fallstudie zur Theorie und Geschichte von Arbeiterpresse und Arbeiterbewegung 1848–1850, München, Verlag Dokumentation, 1977 (Karlotto Bogumil), Bd. 93 (1978), 257–258

Tenfelde, Klaus (Hrsg.), Bilder von Krupp. Fotografie und Geschichte im Industriezeitalter, München, C. H. Beck, 1994 (Marion Heistermann), Bd. 108 (1996), 320–323

—, Sozialgeschichte der Bergarbeiterschaft an der Ruhr im 19. Jahrhundert, Bonn-Bad Godesberg, 1977 (Ulrich Kemper), Bd. 93 (1978), 236–238

Tewes, Ludger, Die Amts- und Pfandpolitik der Erzbischöfe von Köln im Spätmittelalter (1306–1463), Köln, Wien, 1987 (Thomas Lux), Bd. 103 (1989/90), 180–182

—, Mittelalter an Lippe und Ruhr. Geleitwort von Kardinal Franz Hengsbach, Bischof von Essen, Essen, Reimar Hobbing, 1988 (Thomas Lux), Bd. 103 (1989/90), 182–185

—, Mittelalter im Ruhrgebiet. Siedlung am westfälischen Hellweg zwischen Essen und Dortmund (13.–16. Jahrhundert), Paderborn, Schöningh, 1997 (Jan Gerchow), Bd. 110 (1998), 160–163

Timm, Willy, Die Ortschaften der Grafschaft Mark in ihren urkundlichen Früherwähnungen und politischen Zuordnungen bis zur Gegenwart, Unna, Hellweg-Bücherei, 1991 (Paul Derks), Bd. 105 (1993), 236–239

Torkewitz, Dieter, Das älteste Tondokument zur Entstehung der abendländischen Mehrstimmigkeit. Eine Handschrift aus Werden an der Ruhr: Das Düsseldorfer Fragment, Stuttgart, Franz Steiner, 1999 (Michael Walter), Bd. 111 (1999), 384–385

Tosch, Hans-Gerd (Hrsg.), Heisingen, früher und heute, Essen, Tosch, 1978 (Hanns-Joachim Maßner), Bd. 93 (1978), 252

Treue, W. (Hrsg.), Tradition. Zeitschrift für Firmengeschichte und Unternehmerbiographie, Bd. 74 (1958), 150

Tümmler, Hans, Essen – so wie es war, Düsseldorf, Droste, 1973 (Erwin Dickhoff), Bd. 89 (1974), 142–143

—, Freiherr vom Stein und Carl August von Weimar, Köln, G. Grote, 1974 (Ernst Schröder), Bd. 90 (1975), 178–180

—, Verschlungene Pfade. Lebenserinnerungen, Bochum, Brockmeyer, 2. Aufl. 1993 (Paul Derks), Bd. 106 (1994), 193–194

Urban, Thomas, ÜberLeben und Sterben von Zwangsarbeitern im Ruhrbergbau, Münster, Ardey, 2002 (Andreas Lammers), Bd. 115 (2003), 398–400

Verfolgung des Geistes – Aufstand des Gewissens. Beiträge einer Vortragsreihe zum 50. Todestag von Nikolaus Groß, Essen, 1996 (Klaus Wisotzky), Bd. 109 (1997), 287–291

Vermessungs- und Katasteramt der Stadt Bochum (Hrsg.), Bochumer Straßennamen. – Herkunft und Deutung, Bochum, 1993 (Paul Derks), Bd. 105 (1993), 232–235

Voigt, Corneel, Schönes Steele mit Horst, Freisenbruch, Eiberg. Idylle und Tradition an der Ruhr, Essen, Nobel, 1999 (Gerhard Goth), Bd. 112 (2000), 307–309

—; Streich, Günter, Schönes Borbeck. Vom Rhein-Herne-Kanal zum Hexbachtal, Essen, Nobel, 1999 (Berthold Petzinna), Bd. 112 (2000), 303–306

Volks- und Betriebswirtschaftliche Vereinigung im Rheinisch-Westfälischen Industriegebiet u. a. (Hrsg.), Rheinisch-Westfälische Wirtschaftsbiographien, Bd. 9, Münster, Aschendorff, 1967, Bd. 83 (1968), 131

— (Hrsg.), Rheinisch-Westfälische Wirtschaftsbiographien. Bd. 10, Münster, Aschendorff, 1974 (Ernst Schröder), Bd. 90 (1975), 181–183

Vollmerhaus, Hans (Bearb.), Reisebericht eines westfälischen Glasindustriellen. Die Briefe Theodor Müllensiefens von seinen Auslandsreisen in den Jahren 1823–1825 und 1828–1829, Dortmund, Ardey, 1971 (Ulrich Troitzsch), Bd. 89 (1974), 135

Vorwerk, Elli; Vogt, Paul u. a., Dr. Käthe Klein 1899–1970, Essen, 1972 (Ernst Schröder), Bd. 89 (1974), 144

Voß, Ferdinand, Die Beziehungen des Großen Kurfürsten zu Stadt und Stift Essen (Münstersche Dissertation), Essen, Fredebeul & Koenen, 1908, Bd. 30 (1909), 233–234

Voß, Günter, Kettwig und die untere Ruhrtalbahn. Heimatgeschichte der Kettwiger Eisenbahn 1855–1997 (Werner Kroker), Bd. 110 (1998), 177

Wagner, Johannes Volker, … nur Mut, sei Kämpfer! Heinrich König. Ein Leben für die Freiheit. Bochumer politische Lebensbilder aus der Zeit der Weimarer Republik und des Nationalsozialismus, Bochum, Brockmeyer, 1976 (Margrit Brand), Bd. 93 (1978), 253–255

—, Hakenkreuz über Bochum. Machtergreifung und nationalsozialistischer Alltag in einer Revierstadt, Bochum, Brockmeyer, 1983 (Margrit Brand), Bd. 99 (1984), 246–247

Wagner, Stefan, Die staatliche Grund- und Gebäudesteuer in der preußischen Rheinprovinz von 1815 bis 1895. Entwicklung von Steuerrecht, -aufkommen und -belastung, Köln, Selbstverlag des RWWA, 1980 (Ernst Schröder), Bd. 96 (1981), 157–158

Watzlawik, Sigrid, Visionen in Stein. Modernes Bauen in Essen 1910–1930, Essen, Nobel, 1998 (Thorsten Ebers), Bd. 111 (1999), 398–399

Weber, Wolfhard (Hrsg.), Ingenieure im Ruhrgebiet, Münster, Aschendorff, 1999 (Karlheinz Rabas), Bd. 111 (1999), 405–407

Wefelscheid, Heinrich, Essener Heimatbuch, Essen, Küster & Co., 1938, Bd. 57 (1938), 148–149

—; Lüstner, Otto (Hrsg.), Essener Heimatbuch, Frankfurt a. M., Moritz Diesterweg, 1925, Bd. 43 (1926), 335–336

Weier, Michael; Schulte-Derne, Friedrich; Franke, Michael (Hrsg.), Essen entdecken. 18 Rundgänge, Essen, Klartext, 1996 (Monika Fehse), Bd. 109 (1997), 265–267

Weigel, Helmut, Gewalt Karnap. Das Problem der ritterlichen Grundherrschaft in Nordwestdeutschland, (Rheinische Vierteljahrs-Blätter, Jg. 19, Heft 3/4), 1954, Bd. 77 (1961), 71

Weimann, Karl, Die Mark- und Walderbengenossenschaften des Niederrheins. (Untersuchungen zur deutschen Staats- und Rechtsgeschichte, herausgegeben von Dr. Otto v. Gierke, 106. Heft), Breslau, 1911, Bd. 33 (1911), 192–193

Weisbrod, Bernd, Schwerindustrie in der Weimarer Republik. Interessenpolitik zwischen Stabilisierung und Krise, Wuppertal, Peter Hammer, 1978 (Hanns-Joachim Maßner), Bd. 94 (1979), 221–222

Weiß, Lothar, Rheinische Großstädte während der Weltwirtschaftskrise (1929–1933). Kommunale Finanz- und Sozialpolitik im Vergleich, Köln, Weimar, Wien, Böhlau, 1999 (Michael Zimmermann), Bd. 113 (2001), 430–432

Werdendes Abendland an Rhein und Ruhr, Katalog, Essen, Tellus, 1956, Bd. 71 (1956), 143

Werdener Psalter. Staatsbibliothek Preußischer Kulturbesitz Ms. theol. lat. fol. 358 in der Serie Codices selecti Gruppe A, Graz, Akademische Druck- und Verlagsanstalt, 1978 (Hanns-Joachim Maßner), Bd. 95 (1980), 285–286

Wesenberg, Rudolf, Frühe mittelalterliche Bildwerke. Die Schulen rheinischer Skulptur und ihre Ausstrahlung, Düsseldorf, L. Schwann, 1972 (Rainer Kahsnitz), Bd. 88 (1973), 142–146

Westerholt, Wilhelm, Das Haus der sieben Teufel, Essen, Reismann-Grone, 1935, Bd. 53 (1935), 288

Wiedemann, Alfred, Geschichte Godesbergs und seiner Umgebung, Bad Godesberg, Verlag des Amtes Godesberg, 2. Aufl. 1930, Bd. 49 (1931), 457

Wiegand, Peter (Bearb.), Die preußische Berg-, Hütten- und Salinenverwaltung 1763–1865. Die Bestände in den nordrhein-westfälischen Staatsarchiven, Bd. 1: Staatsarchiv Münster, Münster, Selbstverlag des Nordrhein-Westfälischen Staatsarchivs Münster, 2000 (Klaus Wisotzky), Bd. 113 (2001), 445–446

Wilmer, Christoph, Seit mehr als tausend Jahren: Altenessen macht Geschichte. Hrsg. vom Lesebuchkreis Altenessen in Zusammenarbeit mit KultUrsachen im Stadtbezirk V, Essen, 1993 (Paul Derks), Bd. 108 (1996), 310–312

Wilmowsky, Tilo Freiherr von, Rückblickend möchte ich sagen … An der Schwelle des 150jährigen Krupp-Jubiläums, Oldenburg, Hamburg, G. Stalling, 1961, 72–73

Wimmer, Walter, Gewachsen in elf Jahrhunderten. Borbecker Chronik I: 869–1854. Daten, Fakten, Ereignisse, Episoden, Zeitbilder und Augenzeugenberichte, Essen, 1980 (Hanns-Joachim Maßner), Bd. 96 (1981), 165–166

Winschuh, Josef, Der Verein mit dem langen Namen. Geschichte eines Wirtschaftsverbandes, Berlin, Dux-Verlag, 1932, Bd. 50 (1932), 358–359

Winterfeld, Luise von, Geschichte der freien Reichs- und Hansestadt Dortmund, Dortmund, Fr. W. Ruhfus, 1934, Bd. 52 (1934), 223

Wirtschaft und Gesellschaft am Niederrhein. Dokumente aus 9 Jahrhunderten. Ausstellung des Hauptstaatsarchivs Düsseldorf, Düsseldorf, Selbstverlag, 1974 (Karlotto Bogumil), Bd. 90 (1975), 172–173

Wisotzky, Klaus, Vom Kaiserbesuch zum Euro-Gipfel. 100 Jahre Essener Geschichte im Überblick, Essen, Klartext, 1996 (Gunther Annen), Bd. 108 (1996), 326

—; Zimmermann, Michael (Hrsg.), Selbstverständlichkeiten – Strom, Wasser, Gas und andere Versorgungseinrichtungen: Die Vernetzung der Stadt um die Jahrhundertwende, Essen, Klartext, 1997 (Christian Eiden), Bd. 109 (1997), 270–273

Wisplinghoff, Erich; Dahm, Helmut; Höroldt, Dietrich (u. a.), Geschichte des Landes Nordrhein-Westfalen, Würzburg, Ploetz, 1973 (Hanns-Joachim Maßner), Bd. 91 (1976), 159–160

Wittkamp, August, 1100 Jahre Huckarde, Dortmund, 1960, Bd. 77 (1961), 71–72

Wördehoff, Ludwig W., Borbeck in seinen Straßennamen, Essen, Henselowsky, 1987 (Paul Derks), Bd. 102 (1988), 205–207

Wolbring, Barbara, Krupp und die Öffentlichkeit im 19. Jahrhundert. Selbstdarstellung, öffentliche Wahrnehmung und gesellschaftliche Kommunikation, München, Beck, 2000 (Klaus Wisotzky), Bd. 113 (2001), 424–426

Wülfrath, Karl, Bibliotheca Marchica. Die Literatur der Westfälischen Mark, Teil 1: Von den Frühdrucken bis 1666, (Veröffentlichungen der Historischen Kommission des Provinzialinstituts für westfälische Landes- und Volkskunde XXI), Münster, Aschendorff, 1936, Bd. 54 (1936), 189

Wulf, Peter, Hugo Stinnes. Wirtschaft und Politik 1918–1924, Stuttgart, Klett-Cotta, 1979 (Ernst Schröder), Bd. 95 (1980), 279–281

Zacharias, Sigmar; Freihoff, Detlef, Was ist wo in Werden. Sehenswürdigkeiten, Besichtigungsvorschläge, Essen, 1980 (Hanns-Joachim Maßner), Bd. 96 (1981), 167

Zimmermann, Erik, Schwarzes Gold – Im Tal der Ruhr. Die Geschichte des Werdener Bergbaus, Essen, Nobel, 1999 (Klaus Wisotzky), Bd. 111 (1999), 388–390

Zimmermann, Ludwig, Frankreichs Ruhrpolitik von Versailles bis zum Dawesplan, hrsg. von Walther Peter Fuchs, Göttingen, Musterschmidt, 1971 (Ernst Schröder), Bd. 89 (1974), 139–141

Zimmermann, Walther, Das Münster zu Essen, Essen, Fredebeul & Koenen, 1956, Bd. 71 (1956), 142–143

Zippelius, A., Das Bauernhaus am unteren deutschen Niederrhein, Wuppertal-Elberfeld, 1957, Bd. 74 (1958), 155

Zorn, Wolfgang, Einführung in die Wirtschafts- und Sozialgeschichte des Mittelalters und der Neuzeit. Probleme und Methoden, München, C.H. Beck, 1972 (Lutz Hatzfeld), Bd. 88 (1973), 148

Zupancic, Andrea; Schilp, Thomas (Hrsg.), Der Berswordt-Meister und die Dortmunder Malerei um 1400. Stadtkultur im Spätmittelalter, Bielefeld, Verlag für Regionalgeschichte, 2002 (Jan Gerchow/Susan Marti), Bd. 115 (2003), 377–381

Zwischen Rhein und Maas. Ein Beitrag zur Landes-, Wirtschafts- und Kulturgeschichte des Maasraumes im Mittelalter, (Rheinische Kulturgeschichte in Querschnitten aus Mittelalter und Neuzeit, Bd. 3), Köln, Balduin Piek, 1942, Bd. 62 (1947), 113

4. Index zu den »Essener Beiträgen«

bearbeitet von Klaus Wisotzky

Brandi, Paul **75 (1959)**, 3–4
Brautläufe aus den Essener Stadtrechnungen **90 (1975)**, 5–23
Breisig, Land – Juden **97 (1982)**, 41–88
Bremen, Gymnasium illustre – Studierende aus Essen und Umgegend **36 (1917)**, 207
Brockhausen, Oberhof **33 (1911)**, 3–75
Brockhoff, Ludwig **36 (1917)**, 155–182
Brohl, Papiermühle **96 (1981)**, 23–62
Bronzezeit **64 (1949)**, 31–32
Bronzezeit, westliches Industriegebiet **103 (1989/90)**, 8–26
Bruderschaft Kaland **48 (1930)**, 51–97
Brüning, Georg Florenz Heinrich **74 (1958)**, 69–109; **74 (1958)**, 111–149
Brüsseler Katalog der Äbtissinnen **5 (1883)**, 1–44
Brukterergau **99 (1984)**, 37–46
Buchdruck, Anfänge **71 (1956)**, 117–131
Buchdruck 18. Jahrhundert **18 (1898)**, 132–150
Bürger zu Anfang des 19. Jahrhunderts **51 (1933)**, 1–208
Bürgerbuch der Stadt Essen **81 (1965)**, 197–304
Bürgerbuch, Steeler **56 (1938)**, 213–246
Bund. Gemeinschaft für sozialistisches Leben **114 (2002)**, 73–108
Burgaltendorf, Ausgrabungen **106 (1994)**, 5–40
—, Siedlung der späten römischen Kaiserzeit und der Merowingerzeit **112 (2000)**, 13–29
Burggymnasium **103 (1989/1990)**, 159–174
Burgplatz, archäologische Befunde **116 (2004)**, 35–38
Byfang, Bergregal **33 (1911)**, 77–132
Carmina figurata Uffings von Werden **101 (1986/87)**, 1–13
Cholera im Jahre 1866 **70 (1955)**, 71–91
Cincinnius, Johannes **112 (2000)**, 64–105
Codex Argenteus **60 (1940)**, 13–39
Congregatio B.M.V., Kloster **25 (1903)**, 1–74
—, Schule **25 (1903)**, 1–74, **34 (1912)**, 285–308
Damenkapitel, Stift Essen **14 (1892)**, 99–164
—, Haushalt von 1550 bis 1648 **38 (1919)**, 1–115
—, Statuten **17 (1896)**, 137–148
Denkmäler der Familie Krupp **108 (1996)**, 113–190
Deutsche Christen **96 (1981)**, 99–153
Deutscher evangelischer Kirchentag in Essen 1950 **112 (2000)**, 218–232
Deutscher Verein **70 (1955)**, 93–106
Deutz, Abtei – Leithe (Oberhof Schulte-Herveling) **55 (1937)**, 69–112
Dinnendahl, Franz **26 (1905)**, 3–52
Dinnendahl, Franz – Gasbeleuchtungsanlage **83 (1968)**, 81–86
Dortmunder Union, Steele **71 (1956)**, 3–57
Dreißigjähriger Krieg **36 (1917)**, 3–133
Düngelen, Familie von **34 (1912)**, 113–211
Edmund-Lührmann-Stiftung **88 (1973)**, 86–95
Eheliches Güterrecht **32 (1910)**, 125–142

Holthausen (Überruhr), Bauerschaft – Markenbuch **46 (1928)**, 294–306

Hospital zum hl. Geist **17 (1896)**, 75–128

Huckarde, Oberhof **44 (1927)**, 3–100

Hugenpoet, Friedrich **110 (1998)**, 25–38

Hulst, Lied von der Schlacht bei Hulst **60 (1940)**, 127–142

Humann, Georg **50 (1932)**, 1–8

100-Jahr-Feier des Gesamtvereins der deutschen Geschichts- und Altertumsvereine und des Germanischen National-Museums **69 (1953)**, 111–117

Huttrop, Großbauerschaft **50 (1932)**, 1–260

—, Vollmer-Hof **115 (2003)**, 18–20

Huyssen, Heinrich **33 (1911)**, 133–151

Huyssen, Heinrich Arnold **85 (1970)**, 221–236

Imme, Theodor **55 (1937)**, 153–170

Irmentrud **18 (1898)**, 19–41

Isenburg **64 (1949)**, 68–76

Jacobs, Dore **114 (2002)**, 73–108

Jahn, Robert **92 (1977)**, 97–117

Jahrgedächtnis der Essener Äbtissin Schwanhild in der Pfarrkirche St. Dionysius zu Essen-Borbeck (1808–1913) **116 (2004)**, 45–97

Jeger, Adolf **82 (1966)**, 52

Jesuitenresidenz **37 (1918)**, 85–193

Juden, Breisig und Herrschaft Rheineck **97 (1982)**, 41–88

Juden, Geschichte bis zur Säkularisation des Stifts **26 (1905)**, 53–163

Jüdischer Friedhof bei der Burg Rheineck, Inschriften der Grabsteine **97 (1982)**, 7–40

Jugendkarawane gegen Remilitarisierung und Generalvertrag 1952 **114 (2002)**, 109–154

Jungsteinzeit **64 (1949)**, 24–31

Kahrs, Ernst Christian Justus **64 (1949)**, 4–5; **94 (1979)**, 129–151

Kamillushaus **88 (1973)**, 82–85

Kanonichen, Stift Essen – nekrologisches Verzeichnis 1580–1712 **33 (1911)**, 188–191

Kanonichenkapitel, Stift Essen **38 (1919)**, 117–178

Kapp-Putsch **73 (1958)**, 46–59

Kapuzinerkloster **29 (1907)**, 75–125

Karl IV. **93 (1978)**, 7–19

Katernberg, Post **95 (1980)**, 225–248

Katharina von Tecklenburg **30 (1909)**, 165–189

Katholische Kirchenbauten der zweiten Hälfte des 19. Jahrhunderts **95 (1980)**, 151–174

Katholisches Milieu, 1960er Jahre **115 (2003)**, 253–330

Kaufleutegilde, Gildebücher **111 (1999)**, 43–320

Kaufmann, Heinrich **50 (1932)**, 261–342; **67 (1952)**, 137–221

Kesselhaken im Essener Heimatmuseum **62 (1947)**, 99–112

Kettenbuch im Essener Münsterarchiv **34 (1912)**, 3–111

Kettwig **113 (2001)**, 383–396

—, Fabrikschule **105 (1993)**, 31–59

—, Pierburger Schule **98 (1983)**, 25–66; **101 (1986/87)**, 27–76; **102 (1988)**, 165–200

—, Textilindustrie 18. und 19. Jahrhundert **93 (1978)**, 127–214

Kunolt, Heinz **54 (1936)**, 5–9

Kupferdreh, pädagogische Akademie **108 (1996)**, 233–294

—, Steinkiste **106 (1994)**, 77–80

Kurordnung vom 20. Februar 1602 **45 (1927)**, 182–192

Landesgrundvergleich vom 14. September 1794 **15 (1894)**, 21–52

Landeshoheit, Fürstäbtissinnen **43 (1926)**, 145–194

Landtage, Stift Essen **52 (1934)**, 1–168

Land- und Stoppelrecht, Rellinghausen **46 (1928)**, 329–407

Lebensmittelkarten, Erster Weltkrieg **58 (1939)**, 173–202

Lebensmittelversorgung, Arbeiterschaft – Krupp. 1914–1922 **109 (1997)**, 117–239

Lebensmittelversorgung, Erster Weltkrieg **53 (1935)**, 179–285; **54 (1936)**, 121–168

Lehens- und Behandigungsprotokolle, Reichsabtei Werden **112 (2000)**, 64–105

Lehnkammer, Stift Essen **48 (1930)**, 99–278; **58 (1939)**, 5–171

Leiden, Universität – Studierende aus Essen und Umgegend **36 (1917)**, 210-211

Leithe, Oberhof Schulte-Herveling **55 (1937)**, 69–112

Leithen, Adelsgeschlecht von der **55 (1937)**, 69–112

Liber ordinarius **21 (1901)**, 1–156

Lied von der Schlacht bei Hulst **60 (1940)**, 127–142

Limburger Rolle **81 (1965)**, 35–42

Lindemannshof **109 (1997)**, 243–248

Liturgie, Stift Essen – liber ordinarius **21 (1901)**, 1–156

Liudgers Vita Gregorii **60 (1940)**, 64–72

Löbbert, Alfried **114 (2002)**, 185–202; **115 (2003)**, 333–338

Losscheine des 19. Jahrhunderts, evangelische Kirchengemeinde Essen-Rellinghausen
  93 (1978), 51–125

Ludgeruskirche, Werden – neue Baubefunde **111 (1999)**, 15–19

Luftangriffe **113 (2001)**, 159–328

Luftverkehr **104 (1991/92)**, 101–122

Luther, Hans **73 (1958)**, 4; **95 (1980)**, 249–278

Lutherische Gemeinde Königssteele, Urkundenbuch **93 (1978)**, 21–49

Mädchenbildung im 18. Jahrhundert. **34 (1912)**, 285–308

Maggeren, Oberhof **81 (1965)**, 35–42

Magistratsgericht Essen 1658–1668 **57 (1938)**, 39–140

Manchester, Svanhild-Evangeliar **85 (1970)**, 13–80

Maria Clara von Spaur **48 (1930)**, 279–297

Maria Kunigunde von Sachsen **29 (1907)**, 1–47; **29 (1907)**, 49–73; **47 (1930)**, 1–119

Mark, Grafschaft – Grenzstreitigkeiten mit dem Stift Essen **59 (1940)**, 5–47

Marken, Stift Essen **43 (1926)**, 3–144

—, Stift Rellinghausen **43 (1926)**, 3–144

Markenbuch der Bauerschaften Hinsel und Holthausen (Überruhr) **46 (1928)**, 294–306

Marktkirche **78 (1962)**, 5–17; **113 (2001)**, 9–91

—, Ausgrabungen 1995 **108 (1996)**, 305–306

—, Gräberfeld **106 (1994)**, 94–96

Marmorsäule in der Münsterkirche **1 (1881)**, 11–14

Maßner, Hanns-Joachim **98 (1983)**, III—V